JN058229

新行動経済学読本
地域活性化への行動経済学の活用

［編著］

水野勝之　土居拓務

明治大学出版会

　従来の行動経済学の本は，行動経済学の商売やビジネスへの使い方が主となったり，外国の学者の実験例が主であったりと実用性に欠けていた。もちろんビジネスの世界で行動経済学は有用であるが，近年は応用範囲も次第に広がり政府の政策でも活用されはじめた。だが，地域活性化に行動経済学を活用したという例は少ない。地域活性化は，ビジネス的要素もあれば政策的要素もあり，両方の要素を含んでいるにもかかわらず，地域活性化に行動経済学を試みている例が前面に出てきたことはない。当然地域活性化をするうえで行動経済学は強力な武器になるはずである。

地域活性化に行動経済学がうまくいかされていない

　行動経済学の手法が有力視された今日，国の政策には，チームが作られ，行動経済学の手法が使われている。しかし，地方自治体や地域活性化を行う人たちには行動経済学が十分に浸透していない。その教科書がないからである。地域活性化のための行動経済学の本が存在しないのである。地域活性化を行う人が行動経済学的手法を試みるとしたら，まず行動経済学の一般の教科書を読んだあと，それを自分たちの力で応用する策を講じることになる。

　従来の行動経済学の本は，孫引きを基にわかりやすさを売りにするものが多かった。誰々が行った実験，特に海外の有名学者が行った実験の結果というように，出てくる行動経済学の実例が孫引きのような羅列と思いつきで，学術的根拠に乏しかった。「自分で実験すべき」

「自分の経験を含めるべき」と言いたくなる。

　本書は，筆者の明治大学での教育経験や研究成果に基づいて論じるため，地域活性化のための行動経済学の実例をわかりやすく説明し，実践に移しやすくしている。行動経済学は頭で考えるのではなく，実際の経験から「知＋経験」で考えるべきだ。本書は地域連携の経験に基づいての正確な実例（筆者の調査や経験）に基づく。

　また，行動経済学の本は，言葉尻でミクロ経済学を否定しているものが多い。具体的に理論を取り上げたうえで否定している本がなかった。ミクロ経済学のどの部分がどう良くないのか，なぜ現実にそぐわないかを経済理論に照らして具体的に説明することも重要だ。本書では巻末の補論にそれを掲載する。本書は既存の本と差別化し，行動経済学を地域活性化に役立つ本としたい。

　対象としては，地域活性化を行おうとしている方々，地域活性化に関心のある方々，行動経済学を実際に生かす方法を学びたい方々，行動経済学の初学者などとしたい。

2021年11月

水野勝之

第 1 章

行動経済学

1　　行動経済学と従来の経済学との比較

1　人は感情で経済活動を行う

　行動経済学は，そもそもどのような理由で生まれたのであろうか。行動経済学は，経済社会の中で活動する人々は合理的な行動をとっているのではなく，感情で行動しているということを前提にしている。補論の基本的な説明に記したように，今まで数世紀にわたって論じられてきた経済学では，消費者は自分の満足を最大限にするように消費をしたり，企業は利益を最大にするように行動すると考えられてきた。経済学の本を読んだり，授業を聴いたりすると，消費者や企業はそのように合理的な行動をとると説明されている。消費者は自分の満足を最大にするように，正確に商品の種類とその購入量を選んでいるというのである。今からあなたがコンビニに行くとしたら，あらゆる商品の中からあなたが最大限満足するように買い物をしてくるということである。企業は，利益が最大になるよう，しっかりと生産量を管理しているということである。あなたが農家だったら，市場の価格を前提にして利益が最大になる量の野菜を育てるということである。少なくも多くもなくぴったりと生産するのである。

2　消費者のケース

　しかし，本当に消費者は心の満足を最大にするようにモノやサービスを購入しているだろうか。われわれは，自分の心を最大限に満足させるように買い物をしているであろうか。

ある人がある日買ったものを考えてみよう。猛暑だとする。朝，「エアコンが安い」というテレビショッピングを見てエアコンを注文した。そうしたら，9月に設置されることになった。安いことに惹かれてつい買ってしまったけれど，9月に取り付けられるとなると満足の最大化とはいえない。この場合キャンセルすればよいと考えられる。しかし，その人に聞くと，「せっかく設置予定日も決まってしまったし，そのまま買うことにした」そうだ。他に注文しなおすのも面倒とのこと。決めたことをそのまま変えずに押し通そうとしたり，変えるのは面倒だという気持ちが前面に出ている。これは一例だが，消費者が財を消費する時にこうした気持ちを持つのは珍しいことではない。このような買い方をするものだから，あとからすっきりしない気持ちになっている人は多いであろう。

　このような例はいくらでも思い浮かぶ。その日一日行った消費について「最大限に満足をする買い物ができた」と毎日思って寝ているなんてありえないであろう。1日の単位ではなく，1カ月，1年でも同様だ。1カ月の給料で最大限満足した買い物をする月が例外なく連続するなんてことはない。毎月給料日の前の日，満足しきっているような光景などないであろう。また，大みそかに，今年行った買い物は最高だったと毎年思うこともないであろう。買いたくて買ったはいいけれど，あとから邪魔になったり役立たなくなったりするものも多かろう。では，効用を測るのは，買ったその日の満足の大きさなのか，大みそかの時の満足の大きさなのか。いったいいつの効用を最大にするように消費者は行動しているのか，それも不明である。結局心の満足を最大にするような買い物をするというのは至難の業なのである。

3 企業のケース

　企業のケースも同様である。与えられた条件の下で利潤を最大にするような生産量を生産しなさいと言われても，それこそ経済学の定期試験を解くようなものである。実際にその答えを導くのは容易ではない。その定期試験で出てくる数字にしても，実際の企業では決算期に初めて利潤がデータ化される。その都度利潤を最大にする生産量を決めるというのは不可能に近い。

　よって，企業は自分で決めた利潤率を上乗せして販売価格を決めている傾向がある。飲食店などを考えれば，原価率30％に家賃や人件費や光熱費を考慮に入れて，そして最後に利潤を足して価格を決めている。これが実際の企業の価格の決め方である。その利潤率をマークアップ率と呼ぶ。

4 経済主体は合理的な行動をしない

　実際の社会において消費者も企業も，経済学が前提としていた合理的行動，つまり満足の最大化と利潤の最大化という行動はとっていない。つまり，消費者や企業などの経済主体は，従来の経済学が説明している合理的な行動をしていないのである。これらについては具体的に本書の補論部分で詳細を説明する。

　そこで生まれたのが行動経済学である。エアコンの例でも見たように，人は感情で動いている。冷静な頭脳をもって冷静に計算して行動しているわけではない。だからといって，人間は脈絡なく行動しているかというとそうではない。行動経済学では，経済行動は感情に基づく原則に沿ってなされていると考える。

2　人間行動の規則性

1　人の行動の規則性

　人間の行動には規則性がある。毎年授業開始時に筆者は次のように話している。

　「学生同士が初めて顔を合わせている初回の授業ではみな静かだけれど，時間が経つにつれておしゃべりが増えます。おしゃべりを注意された人は10点減点します。にもかかわらず，私が授業を行ってきた30年間，必ずしゃべる人が何人もでてきます。人間行動には規則性があるのです」。

　これだけ注意しても，10点減点の危険があるにもかかわらず，時間が経つにつれて毎年しゃべり始める学生が何人か出る。人間の行動には規則性があるということが立証される一場面だ。危険があっても，やる人はやる。それも人間行動の典型である。このケースでは，友人同士で思わず話が盛り上がってしまうのであろう。人間は合理的な行動をするとは限らない。

　「人間は不合理な意思決定を行う」と説いた人がいる。心理学者のダニエル・カーネマンとエイモス・トベルスキーである。1979年のことである。行動経済学は事実上ここから始まったといってよい。行動経済学の分野では，2002年ダニエル・カーネマン，2013年ロバート・シラー，2017年リチャード・セイラーがノーベル経済学賞を受賞している。

2　友野典男による従来の経済学の否定

　日本の行動経済学の第一人者である友野典男（2006）が従来の経済学の4つの根本的な考え方について否定している。

　第1に，前述した消費者が自分の満足を最大化している，企業が利潤を最大化するように活動しているという仮定は，あくまでも「あたかも」正確に消費者や企業がすべてを計算して行動しているという前提に立脚している。正確に計算できるわけがない。みんながみんな，天才数学者なはずもない。経済人（消費者，企業）が合理的に行動（満足最大化，利潤最大化）できるわけがない。

　第2は，経済社会において合理的に活動する経済人以外は経済に影響を与えないと言うのはおかしい，というものである。無償ボランティアの人たちはいくら活躍しても，経済に影響をまったく与えないということになってしまう。社会に労働力を提供しているのであるから当然その活動は経済に影響しているはずである。専業主婦の労働を金銭換算している研究をよく見かけるが，その研究によって何を改善し，経済学をどこへ導くのかという，それ以上の行動や経済計算方法の改良にはつながっていない。計算した研究者たちの自己満足で終わっている。

　第3は，経済人が満足最大化や利潤最大化以外の行動をとるとすると理論が成り立たなくなるので，差し当たっては「すべての経済人が合理的な行動をとる」と仮定して従来の経済理論を構築したにすぎないということである。他に経済人の行動に関して都合の良い仮定が思いつかないので，その仮定を設け続けている。

　第4は，従来の経済学は，実際に経済人たちが行動した結果を説明しているのではなく，こうあるべき指針を理論的に説明したにすぎないということである。つまり，従来の経済学は，実際の結果を表現で

きず，規範的な指針を表現しているだけである。

　このようにまとめてもらえると，行動経済学と従来の経済理論（補論）との違いがわかりやすい。たしかに，この4つの点で従来の経済学は現実経済社会と乖離している。

3　明治大学の地域活性化の現状

　経済学を現実と結び合わせるために，本書では地域活性化研究の実例を媒体とする。地域活性化において，行動経済学が生かされてきたし，これからも生かされるべきであることを話していきたい。

　この本は，机上で行動経済学の地域活性化への活用を提案するものではない。どこかの外国の研究者の行った実験例を孫引きするわけではない。これまでに明治大学の事業で責任者を務め，行動経済学の効果が有効であることを実証してきたので，その実例に基づいて論じていく。

明治大学でかかわってきた地域連携の取り組み

◉――――平成17年度文部科学省現代的教育ニーズ取組支援プログラム
　　　　（現代GP）／取組代表者
　　『広域連携支援プログラム―千代田区＝首都圏ECM（Education

Chain Management)─』[*1]

　大学生が地域に出向いて活動し地域活性化を図る。対象地域は，東京都千代田区，千葉県浦安市，群馬県嬬恋村，富岡市などであった。大学生の地域活性化の結果をデータ化し，効果があったかどうかを学生たちが検証するというものだった。PDCAとして，問題点を修正し，次の活動を行うという繰り返しのアクティブラーニング授業である。

●─────平成19年度社会人の学び直しニーズ対応教育推進プログラム／
　　　　取組代表者
　『広域連携による地方活性化のための潜在的な社会参加ニーズ対応就労促進プログラム』[*2]

　明治大学の教員が地域に赴き，地域の社会人に地域活性化のアクティブラーニングの授業を行い，受講者に実際に地域活性化を行ってもらうというものであった。地域活性化についての企画力，行動力，プレゼンテーション力を育成した。

●─────千代田学　平成16年度から25年度まで10年連続(付録に記載)

　東京都千代田区が行った補助事業である。明治大学が採択され，学生たちが千代田区内で活躍し，地域活性化の成果を検証するというもの。学生たちの具体的な学習として，千代田区で自分たちの行った事業のデータを集め，統計解析を行った。

　2011年4月に文部科学省より，全国の大学に対して，災害ボラン
ティア活動を単位に認めるようにという指示が出された。明治大学は
全学共通科目を設け，直ちに対応した。明治大学生が東日本大震災
の被災地に赴き，ボランティア活動を行うという授業である。学生たち
は岩手県大船渡，福島県新地町，千葉県浦安市などで活動した[*3]。

　これら事業を通しての経験を基に本書を著している。

4　　地域活性化における行動経済学の必要性

　行動経済学と地域活性化をリンクさせるといっても，地域活性化に
軸足を置かなければならない。地域活性化が目的であり，行動経済
学は手段という位置づけにしたい。軸足となる地域活性化にはいくつ
かのポイントがある。

　第1に，地域活性化の対象地域に観光客がたくさん訪れることであ
る。地域に魅力があれば，他の地域から観光客がやってくる。経済
は人とそれに伴うお金の支出で構成される。他の地域から人が来な
ければ，地元の生活支出以外のお金が使われない。人が流れ込むと
いうことは，その人たちが消費行動を起こすのでお金が流れ込むとい
うことである。観光客が増えれば増えるほど地域の経済が潤う。

第2に，観光客を呼び込むために，地域の人たちが積極的に行動し，地域が元気になり，その状況を情報発信することである。ボランティアにしても商売にしても地元の人たちが行動しなければ他の地域から人はやってこない。地域の人たちが元気にならないと人は来ない。地域がいくら魅力的でも，情報発信できていなければ人が来ない。地域の情報を正しく発信をできるのは地域の人たちである。その情報の材料が地域の人たちの元気と活動である。地域の人たちが協力し合い，肝心の情報源を作らなければ，他の地域の人を呼び込んでの地域活性化は生まれない。

　第3に，産業が再活性化されたり，新たに立地されることにより，地域の産業が盛んになることである。産業が再活性化されたり立地されれば雇用が生まれる。雇用が生まれれば，地元の人たちが雇われたり，他の地域から新たに雇われた人たちが来る。給料が入った人たちが買い物をするので地域内でお金が回りだし，地域が活性化される。

　第4に，人口が減らず，逆に増えることである。経済成長において人口の増加は重要な要素のひとつである。観光，産業に関係なく，とにかく人が増える。それが重要である。子育て環境が充実していたり，住環境が充実していると，他の地域から人が移り住んでくる。その人たちが他の地域に勤めていても地元で買い物をすれば経済は潤う。その地域で起業すれば，地域経済が潤う。人口の伸びは経済の自然成長として重要な要素である。

　これらはいずれも，人間の行動である。産業立地の話にしても，結局のところ，会社も人間が方針を決めるので人間の行動に他ならない。地域で人間が行動する以上，人間の心理に従った行動経済学の理論が成立しているはずである。つまりは，地域活性化には行動経済学

の手法が当てはまるという仮説が考えられる。

　これまでも述べた通り，皆が合理的な経済人であったら，地域で価格を安くして品質の良いものを提供すれば，人が経済行動を起こし，観光客も集まる，産業も集まる，人も集まる。しかし，そうならないから地方は困っているわけである。だからこそ，地域活性化には，新たな視点，新たな手法が必要となる。それが本書での行動経済学の導入である。今挙げた第1から第4の点までを行動経済学の視点で改めて見てみよう。

1　地域の人たちが積極的に行動し町が元気になる

　地域の人たちのやる気がなければ町は廃れる。地元の人たちが集まって和気あいあいとすることがない，家や建物は空き家が増えて修理も行われずいかにも廃屋感がただよっている，街並みが閑散としすぎていてそこを歩いているだけで怖い感じがする。こんな地域には行きたくない。住みたくない。このような感じでは地元の人たちもさらにやる気がなくなってしまう。

　地元の人たちが協力し合い，町を良くしていくことに力を出し合わなければならない。誰か引っ張ってくれる強力なリーダーが住民の中から出れば，その人，またはその人たちに地域の人が協力することが活性化のための一歩となる。熱海のように少数の人たちがリードして多くの人や組織を巻き込み地域商店街を活性化させた例が理想であろう。しかし，現実はなかなかそうはいかない。

　そもそもリーダーの素養がある人がいればよいが，通常そのような才能のある人はあまりいない。町を良くしていきたい，そう思う人たちはど

うすればよいのか。また行政がリードしていこうとしても地域の人がついてこない時はどうすればよいのか。そのような時こそ，行動経済学の手法が役立つのではないだろうか。人が行動することを促していくにはやはり心理学を基礎とした行動経済学を活用するのが有効である。

　また，行動経済学の知識を持ったリーダーを育てていくというのもひとつの重要な方法である。ただし，行政などが主となり，行動経済学を学習させる機会などが必要となる。しかし，現在はそのような場は少ない。しかも，地域活性化のための行動経済学の教科書も足りない。地域活性化を中心に据えた本書はその講座での教科書となりうると考えている。

2　観光客がたくさん訪れる

　地域活性化に必要な要素のひとつに，観光客が増加することが挙げられる。観光客が増えれば，その地域での消費が増えるので経済的な効果がある。地元の人たちにやりがい，楽しみ，わくわく感が生まれる。

　旅行を3段階に分けよう。行く前の楽しみ，行った時の楽しみ，帰ってきてからの楽しみ。行動経済学の理論を旅行に当てはめてみると，これらは行動経済学でいう，初頭，ピーク，エンドの効果という呼び方ができる。それぞれが盛り上がってこそ，旅は楽しくなる。逆に言えば，観光地は，この3点を観光客に楽しんでもらえるように考えることが重要ということになる。

①初頭を楽しませる初頭効果＋ウィンザー効果

コロナ禍前，インバウンドが活発になり2018年に訪日外国人数は3,100万人を超えた。大都市だけではなく，地方にも外国人観光客が訪問するという好循環にみまわれた。

これには，先に日本を観光した人たちが書き込んだSNSやレビューが活躍している。多くの観光客を呼び寄せているのは，そのような外国人観光客が書いたSNSやレビューである。このSNSやレビューもまさに行動経済学を活用した一手法である。多くの人が書くと，信用性が増す。その人たちが全員嘘を書いていれば別だが，見知らぬ人たちが一斉に嘘を書くということはありえない。したがって，第三者の書く内容を信用して各地域に観光に行くという現象が起きる。これをウィンザー効果という。

これは外国人観光客のみに当てはまるものではない。日本人観光客にも当てはまる。観光客を集めるためには他の人のレビューが非常に重要となる。初期の段階で誘引効果があることを初頭効果という。

②ピーク

さて，本番である旅の実施。観光客にとって，これは最大の喜びを得たいところである。外国人対象にしても日本人対象にしても，地域でのおもてなしと体験というコンセプトが広がり，定着してきた。

このピークの具体的記述については地域によって千差万別の違いがある。見学でもよかろう，体験でもよかろう，食事でもよかろう，地元の人たちとのふれあいでもよかろう，外国人は日本にそんなに頻繁に来るわけではないので一生の思い出になるような体験の提供を心

掛けたい。

　ただし，注意しなければならないのは，嫌な思い出ですべてが台無しになってしまうことである。次から次に来る外国人に対して，そして日本人観光客に対して，著名レストランが次第に鼻が高くなり，もてなしが雑になるケースがよくある。通常のレストランでも，混み合ってくると，従業員にゆとりがなくなり，お客をぞんざいにすることがよくある（＝レストランに限らず一般のお店においても，誰しもが何回も経験していることであろう）。観光客にとって一度の苦い体験がすべてを台無しにしかねない。しかも地域全体の印象を悪くしかねない。ピークを谷にしないような注意が必要だ。

　著者が北陸の有名な寿司屋に入った時，あとから外国人観光客の団体が入ってきた。ソファのテーブル席に座ったが，どう見てもどのテーブルも6人掛けのところに8人座らされているようだった。大きな体なのに窮屈でかわいそうだった。しかも，オーダーの仕方もわからない。板前さんの人数も限られているので，団体客にはぞんざいになりがちだ。北陸の有名な寿司屋での食事といったらピーク中のピークである。たった一回の食事ではあるが，これでは，日本全部の印象が悪くなりかねない。日本のおもてなし精神はどこに行ってしまったのか。食事でのおもてなしは昔も今も大切なように思われる。

　外国人観光客に対しても日本人観光客に対しても，ピークを盛り上げる工夫が重要となる。いかに盛り上げるかが，まさに行動経済学のコンセプトに他ならない。

●───③エンド

　観光客が帰ったあとも重要である。観光客は旅の思い出に浸る。思い出，お土産，写真，どれも大切な要素である。観光客を引き込むためには，これらの要素を重視し，帰ってからの「エンド」部分を最高に盛り上がらせる必要がある。行動経済学では，最後を盛り上がらせることをエンド効果と呼ぶ。

　エンドは，帰ってから3日間，1週間，1カ月という時間の単位ではない。人によっては半年，1年，あるいは一生かもしれない。そのエンドこそが，またその地を訪れたり，レビューを書いたりと，他の行動経済学的な効果を呼び起こす。

●───④小括

　2つの別々の効果，すなわち初頭効果と，ピークエンド効果を並べると結局全部じゃないかという疑念が湧くかもしれない。それは正しくはない。ひとつの出来事をしっかり3つの段階に分け，そして，それぞれの印象を心に刻まれるようにするのが地域活性化の重要なところである。ここでの記述のように，行く前の楽しみ，行った時の実際の楽しみ，帰ってからの思い出の楽しみを充実させれば，その人はリピーターにもなりうるし，他の人に宣伝もしてくれる。

　行動経済学の効果は，一つひとつで終わりというわけではない。それぞれの効果が他の効果を呼び起こす波及効果を持っている。途中で嫌な思いをすれば，効果はそこで遮断され，しぼんでいく。もしくは，悪い方面に波及してしまうかもしれない。地域活性化に携わる場合，それを忘れてはならない。

3　ピークを時間をかけて楽しむ工夫

　群馬県草津町の草津温泉では，観光名所の湯畑の前の町営駐車場を撤去した。旅館街からは，観光客の便利さが奪われてしまうと非難が起こった。不便になって観光客が来なくなるという懸念である。しかし，駐車場を遠くに配置したことで，観光客は街中を歩くこととなった。街中を味わうとともにお土産を買ったり飲食をしたりするようになった。それ以前は目の前にある駐車場に車を停めて湯畑の見学をさっさと済ませて帰っていくというピークの短さが欠点だったが，街中を楽しめることで観光のピークの時間を延ばしたと言えよう。そして何よりも，観光名所である湯畑の景観がよくなり，その評価が上がったことで多くの観光客を呼び込めた。地元の産業は活性化された。

4　人口が減らない

　地方の町村で過疎化が進んでいる。地元に働き口がない，都会の方が魅力的という理由で，若者が地元からどんどん離れてしまっている。残されたのは高齢者ばかりという現状もある。これは今始まったことではないが，日本人の寿命が延びている現在，地方の高齢化がより顕著になってきた。人がいなければ，少数の人たちのためにインフラ整備などの多くの税金をつぎ込むことになり非効率的でもある。少人数では自治体の税収も少なくなるので十分なサービスができない。スーパーマーケットも少なく，買い物が不便になる。また，労働力も少なくなるために，新しい企業が立地できない。

こうした人口減が起こらないための方策のひとつは若者が地域から出て行かないようにすることである。その町，村に愛着を持つこと，つまりその地域への愛着を足かせにさせて外に出て行かないようにするのがひとつの方法である。この手法は後述のサンクスコスト効果（埋没費用，137頁），または選択的意思決定（134頁）である。その地域で生まれた若者がそのまま定着すれば人口は減らない。ICT，AIなどの科学技術が発展してきた現在，新たな視点で若者を地元に定着させる方法があるのではないか。

　他方，地元の魅力を生み出し若い人たちを呼び寄せている地域もある。子育て環境が充実していれば個人を呼び込むことができる。「うちは子育て支援が充実しています」と，ナッジ効果（160頁）で地元に若い世帯が移り住むことを誘導する。企業に対しても，地域に立地させたり，進出させるために行動経済学的手法を使うのは有効であろう。空港に近いことを好立地として若手のベンチャー企業を呼び込むなどの方法もある。大きなお金を使っての工業立地でなくても，和歌山県白浜町のように，空港が近いので東京にも近いことをアピールしてベンチャーを誘引している例もある。企業に関連する人たちが移り住んでくる。東京との往来で空港も活性化される。何百億円，何千億円という大金を使わなくても企業心理を動かす工夫で地元に産業を呼び込める。各県にひとつという規模で地方空港が整備されている。和歌山県白浜町のように，航空機での東京との近さはどこの都市でも共通するようになってきた。日本海側と東京も 1 時間圏である。

　地域の人口減少に行動経済学の手法を使うのは効果があるように思われる。

5　　インバウンドでの外国人への対応

　コロナ禍以前，訪日外国人客が急増した。2003年には521万人，2012年には863万人，2013年には1,036万人，2014年には1,341万人に増えた。そして，2016年には2,000万人の大台を大きく突破(2,404万人)，何とさらに2018年にはその上の大台である3,000万人を超えた。この訪日客の数の伸びは目を見張るところがあった。2003年に比べると2018年には約6倍，2013年に比べても2018年は約3倍となった[*4]。

　2010年代の訪日客も，当初は中国からの爆買いの観光客が顕著であったが，次第に訪日観光客も日本の各地域での体験などを重視するようになってきた。日本でのおもてなしも楽しむようになった。

　ところが，東京オリンピックもあり訪日外国人客が大幅に増えるという，好景気の予想とは裏腹に，2020年には，新型コロナウイルス禍の影響で訪日客数が激減してしまった。せっかく来てくれていたのだから，この訪日客の数を順調に取り戻したいものである。それには日本各地での外国人の誘致が重要となる。中国では，コロナ禍が一段落すると，国内観光地に観光客が殺到したという。中国の人たちの観光欲は旺盛である。それを生かしたい。

　コロナ禍が落ち着いたあと，観光客を再び海外から呼び戻すためにはここで挙げている行動経済学的手法が有効になろう。ノーベル経済学賞を受賞したセイラー教授たちの謂を重視している日本の行動経済学であるが，行動経済学は心理に訴えるものなのだから，人によって，つまり出身国によって心理は異なるであろう。当然日本人と外国人への有効な対応の仕方も異なるし，外国人といっても各国それぞれの人への有効な対応の仕方も異なるであろう。一律に外国人，一律に（日

本人を含めた）観光客と扱わず，丁寧な行動経済学の手法の選択が重要となろう。その点注意が必要である。

註

*1————明治大学HPを参照のこと。
　　　　https://www.meiji.ac.jp/shogaku/ecm/index.html
*2————明治大学HPを参照のこと。
　　　　https://www.meiji.ac.jp/manabigp/iidaproj.html
　　　　https://www.meiji.ac.jp/manabigp/tumagoiproj.html
　　　　https://www.meiji.ac.jp/manabigp/shinguproj.html
　　　　https://www.meiji.ac.jp/manabigp/tottoriproj.html
　　　　https://www.meiji.ac.jp/manabigp/nagawaproj.html
*3————明治大学HPを参照のこと。
　　　　https://www.meiji.ac.jp/koho/meidaikouhou/20110701/p15_03.html
　　　　https://www.meiji.ac.jp/koho/meidaikouhou/20110701/p14_01.html
*4————観光庁HPを参照のこと。
　　　　https://www.mlit.go.jp/kankocho/siryou/toukei/in_out.html

第2章
プロスペクト理論

1　　プロスペクト理論

　行動経済学の本をめくると，○○効果，××効果がちりばめられていて，なるほど一つひとつはわかるがつかみどころがないと思えてしまう。各効果を挙げる前に，行動経済学を体系化させておくと理解しやすくなる。行動経済学の元になっている，つまり根本となっている理論を理解したあとに，行動経済学の説く各効果を勉強したらよい。

　先ほど出した授業のおしゃべりの例でも，授業中おしゃべりをし始める学生もいるけれど静かに講義を聴いている学生もいる。全員が同じ行動をとるとは限らない。そのように考えると，各効果も例外が多く，例外をすべて考慮していたらそもそも行動経済学の理論が成立しなくなってしまう。しっかり体系化させて理解しておけば，例外は例外として扱っておけばよいことがわかる。

　経済社会にしても，行動経済学の○○効果があるからといって全員がその行動をとっているわけではない。行動経済学どころか，従来の合理的な行動を前提とする経済学ですら例外だらけである。したがって，まずは大半の人に影響するであろう共通の経済行動を理論化しておく。

　行動経済学のベースとなる基本的な理論のひとつがプロスペクト理論である。まずプロスペクト理論を学んでおく必要がある。プロスペクト理論は価値関数の理論と加重確率関数の理論から成り立っている。

2　価値関数

1　得する時と損する時の感じ方の違い

　これは，とある実験を基にしている。あなたは農家である。ある企業があなたに条件を出してきたとする。まず最初の条件。企業があなたに資金100万円を提供してくれるという無条件のケースと，目標生産量（これまでのデータから実現確率は正確に50%）を超えたら200万円出すけれど，それに達しなかったら１円も出さない（＝０円）という条件のケースがあるとしよう。前者の条件は必ず100万円をもらえる，後者の条件は２分の１の確率で200万円をもらえるというものである。あなたはどちらを選ぶ?

　ほとんどの農家は，最初の無条件で100万円もらえる方を選ぶであろう。確実に100万円が手に入れば，それに基づいた経営戦略を実行できるからである。後者のケースでもし０円だったら何もできなくなってしまう。

　次のケース。あなたの農家の母屋が台風の被害にあって損失が200万円になってしまったとしよう。企業が融資条件を出してきた（企業としてはあなたの農家が存続してくれないと困るので）。無条件で借金を100万円に減らしてくれるというもの。もうひとつは，来年生産目標値（これまでのデータから実現確率は正確に50%）に達したら200万円を減らして借金を０円にしてくれるけれど，それに達しなかったら借金200万円のまま。さて，どっちを選ぶ?

　ほとんどの農家が，来年生産目標を選択して借金ゼロを目指す傾向があるという。その200万円の価値が大きいと感じるからである。

今の質問を整理してみよう。人は，新たに得する時には，確実に手に入る方を選ぶ。リスクを回避しようとする。しかし，損失をカバーする時には，リスクを冒してでもあわよくば借金をたくさん減らそうとする。この場合，リスクを好む。まとめると，新たに得をする時にはリスクを回避し，すでにある損失をカバーする時にはリスクを選択する。

2　価値関数

　得しようとする時にはリスクを避けようとしているのに，損失をカバーしようとする時はリスクを好むという傾向が人にはある。同じ金額でも，得の領域と損の領域でそれを感じる価値が違う。

　イメージをしよう。価値関数の［**図2-1**］を参考にする。得するケースの領域と損するケースの領域に分かれる境（＝［**図2-1**］ではゼロ）で2つに分けた図を考えよう。縦軸と横軸がある。縦軸は効用，つまり人が感じ取る主観的価値（満足度）を示す。横軸は金額である。図は右側に行くに従って高くなっていく山，原点から左は，左側に行くに従って横軸よりも下に深くなっていく谷がある。右の山も左の谷も，最初は急だけれどだんだん緩やかになっていく。右側の山の高さよりも左側の谷の深さの方が大きい。このようなイメージである。

　具体的に話を進める。横軸には，右側が新たに得する時の大きさ（金額），左側に損失の大きさ（金額）がとってある。縦軸に，その金額の大きさに対して感じたありがたみ，つまり人が感じ取る価値がとってある。これはその人が主観的に感じる価値の大きさである。主観的価値と言うとわかりにくいが，仮に学生であるあなたが100万円を手にして感じたありがたみと，アラブの大富豪が100万円を手にして感じるで

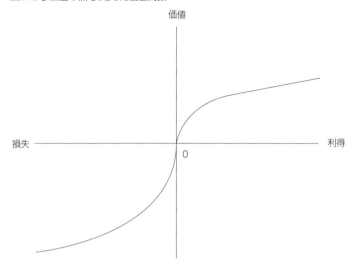

［**図2-1**］参照基準点を0とした価値関数

作成：土居拓務

あろうありがたみの違いと言えばおわかりいただけよう。主観的価値は同じ金額でも人によって異なる。ここではある個人の主観的価値と考える。それが縦軸である。人が感じる価値が縦軸の高さで表されている。原点から右が利得，左がマイナスの損失となっている。

　この横軸の山と谷を分ける原点を参照基準点と呼ぶ。このケースでは0である。この図を価値関数と呼ぶ。

　図によると，先ほど話したように，右側の凸の山の方が，左側の凹の谷のへこみ具合よりも小さい。1,000万円が手に入った時の1,000万円のプラスの価値と，借金として1,000万円を背負った時のマイナス

の価値を考えよう。それらのありがたみとストレスとを比較した場合，同じ1,000万円でも得をしたありがたみより，借金1,000万円を抱えたストレスの方がその人にとって大きな影響を与える。同じ金額でも損失のストレスの方が得したありがたみよりも大きく感じてしまう。この心理状態をうまく表したのが価値関数である。

　この［**図2-1**］に従うと，これからの利益とリスクの大小を考える時，大きく得するために大きなリスクを伴うならば，リスクがあまり伴わない小さな利益を選択する方が良いと人は思う。大きなリスクを伴う大きな金額に大きな喜びを持たない。理由はそれを手にするためのリスクが怖いからである。山が低い理由である。

　他方，損失に直面すると損失自体を避けようとする。損失が怖いからである。損失というリスクに，怖さが上乗せされるので，ストレスは非常に大きくなる。谷が深い理由である。

　［**図2-1**］では，このことが参照基準点よりも右側の山の高さより左側の谷の深さが上回ることで表されている。利益を得ようとしている時もリスクが怖い，損をしそうな時もリスクが怖い，人はそうしたリスクを恐れて避けようとする。このことを「損失回避性」という。行動経済学の最も重要な原理のひとつである。

　さて，この［**図2-1**］にはもうひとつの特徴がある。経済学の効用関数を学んだ人はわかるように，価値関数は効用関数である。効用というのは心の満足のことである。原点から左ではマイナスの満足である。金額に応じて人の満足の度合いがどれほどになるかを表している。効用関数には追加的な効用がだんだん減っていくという性質がある。価値関数にもこれが当てはまる。参照基準点付近での価値関数の最初の傾きは大きいが，金額が大きくなるにつれてその伸び方，

つまり増え方が穏やかになっていく。

［**図2-1**］の原点より右側で説明しよう。何も持っていない時に10万円もらったらうれしい。格別の喜びである。だが，その人が2,000万円持っていて，その上に10万円増えて2,010万円になったとしても喜びの度合いは小さいであろう。後者の場合，ないよりはあった方がましという感じであろうか。同じ追加の10万円でも，最初に持っている金額によって価値が違う。価値の伸びが逓減していっているということである。［**図2-1**］の原点より左側の損失の方でも同じ考え方が当てはまる。何もない状態から10万円損すると気持ちが大きく落ち込むが，2,000万円の借金が2,010万円になったところでそんなに気持ちは落ち込まない。

例えば，東京オリンピック・パラリンピック2020の競技場を作るのに，予算が当初の1,300億円から3,000億円に増えそうだということで大問題になった。この膨大な額は国民の血税だといって大きく批判された。しかし，財務省HPの統計によると，2018年3月には1,103.3兆円だった国の借金が2019年6月には1,105.4兆円になり，たった1年間で2.1兆円も増えてしまっている。しかし，そちらについては国民は怒っていない。額が大きくなると，損失が増えても反応が小さくなっている。これはまさに価値関数の左側の特徴を表している。損失が大きくなると，その増えた部分に対しての負の感情が薄れていく。

価値関数の特徴は3つある。ひとつは，参照基準点より右側での利得の山の高さより左側の損失での谷の方が深いということであった。第2は，右側にしても左側にしても，額が小さいとその変化の大きさを大きく感じるけれど額が増えるに従って変化の大きさの感じ方が小さくなっていくということであった。そしてもうひとつ，価値観数の特徴を付記しておく。それは，ここではゼロと置いたが，参照基準点は必ずし

もゼロではないことである。右が利得，左が損失となっていて参照基準点がゼロであるように思えるが，それがゼロとは限らないことに留意しておこう。

3　損失回避性

　今述べた価値関数の特徴の第1が，損失回避性を表している。参照基準点より右側の山の高さが左側の谷の深さよりも小さいことを意味する。これまでに例を挙げたように，同額の場合，損失は利得よりも大きく評価されてしまう。友野典男(2013)では次のように解説されている。損失と利得が同じ額であったならば，その損失がもたらす「悔しさ」の方が，同額の利得がもたらす「満足」よりも大きく感じられる。カーネマンとトベルスキーが具体的に計測したことがあるそうだ。たとえば1,000円の利得と1,000円の損失を比べた場合，損失の1,000円の評価の方が利得の1,000円よりもおよそ2倍から2.5倍も大きいそうである。かのアダム・スミスもおっしゃった。

　「われわれがいい境遇からわるい境遇に転落する時には，わるい境遇からいい境遇へと上昇する時につねに享受するよりも，多くの受難を感じる」(アダム・スミス『道徳感情論』)。

　人は落ち込む時には気持ちが大きく落ち込む。良くなるのはうれしいが，落ち込むのは避けたいと思うものである。この損失回避性にはそのような人間の気持ちが反映されている。

　自治体でも同じである。ある自治体の首長が，ある政策を行おうとしたとする。その政策を行うと，1,000万円の費用がかかる。それが成功すれば市民に2,000万円の価値に相当する恩恵がある。しかし，失敗

すれば1,000万円の財政の赤字を負う。この首長が次の自分の選挙を考えた時, 赤字で批判されるのを避けたい。よって, 市民にとって2,000万円の価値があるかもしれない政策を行わなくなってしまう。損失回避行動をとるのである（こういう人には首長になってほしくないが……）。

4　感応度逓減

　先ほど挙げた第2の特徴を説明する。価値関数の右側にしても左側にしても, 金額が増えるに従って変化の大きさの感じ方が小さくなっていく。これは感応の度合いがだんだん減っていくことを意味している。感応度逓減という。逓減というのは, 伸びの大きさがだんだん減っていくことを意味する。

　経済学でいう効用関数と同じである。消費から得られる満足の度合いは, 最初のうちは大きいが, たくさん同じものを消費するに従って薄れていく。経済学でいう限界効用逓減の法則にあたる。その心理がここでも反映されて, 価値関数の左右とも参照基準点から離れれば離れるほど山が滑らかになっていく。行動経済学の感応度逓減の特徴である。

5　参照基準点の相違

　第3の特徴は, 参照基準点はケースによって異なるということである。前述の例は, わかりやすいように参照基準点をゼロとしたが, その参照基準点の位置はケースバイケースである。売り上げが50万円のお店の次の年の売り上げが40万円に下がった。売り上げが10万円の

他の店の次の年の売り上げは20万円に上がった。次の年の売り上げ額は、前者が40万円、後者が20万円であり、前者が後者の倍の大きさである。しかし、前者は売り上げが減り失望、後者は売り上げが上がり大喜びである。つまり、基準が異なっている。前者の基準は前の年の売り上げの50万円、後者の基準は10万円である。これがそれぞれの参照基準点となる。

　前者の場合、参照基準点50万円より右側は利得、左側は損失である。後者は、その参照基準点が10万円である。このように、参照基準点はゼロではなく、人それぞれ、お店それぞれ、ケースバイケースで異なっている。

　参照基準点がゼロでないケースの価値関数を見てみよう。利得の部分で説明すると、金額が増えるに従って、心で感じる価値は増えていく山形になっている。損失の部分では、心で感じる価値がマイナスになっている。損失が増えるに従って心で感じる価値のマイナスは大きくなっていく。負の価値関数と呼ぼう。

　［図2-2］の価値関数によって重要な特徴を振り返ろう。

　第1に、利得の部分の価値関数の山の高さと、損失の部分の負の価値関数を比べると、利得の山の高さの方が、損失の部分の谷の深さよりも小さくなっている。同じ額だと利得よりも損失の方が大きな価値を感じてしまうことを表している。ここでも損失回避性が成り立っている。

　第2に、参照基準点付近では急激な大きさの変化があるが、参照基準点から遠ざかっていくほど、つまり金額が大きくなっていくほど、その変化の大きさが小さくなっていく。これは利得部分、損失部分とも共通である。価値関数の逓減を表している。ここでも感応度逓減が成り立っている。

［**図2-2**］参照基準点がゼロでないケース

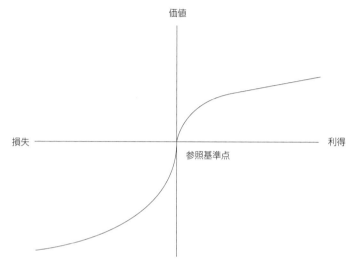

作成：土居拓務

　参照基準点がゼロでないケースでも，参照基準点がゼロのケースと考え方は変わらない。

6　価値関数の具体化

　横軸にxをおき，それを利得，損失を表す変数として考える。理論的説明なので，参照基準点がゼロのケースを考える。［**図2-1**］のように，参照基準点をゼロと置こう。

　x＝ 0

この点から右の利得の範囲では

x≧ 0 ,

左の損失の範囲では

x＜ 0

となる。

　価値関数は次のように表される。まず，参照基準点より右の価値関数を示そう。x≧ 0 の時

u(x)＝x^a

としよう。左側のu(x)は，効用の大きさがxの式で表されるという意味である。指数関数となっている。金額xが大きくなるにつれて心で感じる価値も大きくなっている。ただし，逓減の関数なので 0 ＜a＜ 1 となっていて，xが大きくなるにつれてその変化の伸びがだんだん小さくなる。他方，参照基準点よりも左側の価値関数は次のように表されるとしよう。x＜ 0 の時

u(x)＝－bx^a

参照基準点より右側の価値関数に-bが乗じられている。まず，「－」の意味は，上に凸だった右側の価値関数がひっくり返って，上に凹となったことである。次に，bが乗じられた意味は，bは 1 よりも大きい正の数で（1 ＜b），マイナスと相まって，右側の価値関数の高さよりも左側の価値関数の深さが大きくなっているということである。

　具体的な数値を入れて関数を表してみる。

a＝0.5, b＝ 2

この時，参照基準点より右の価値関数は，

u(x)＝x$^{0.5}$　──（ 1 ）

となる。左の価値関数は

$u(x) = -2 x^{0.5}$ ——（2）

となる。

　ここで左右を比較するため，100の利得（x=100）と100の損失（x=-100)を例にとって見よう。

100の利得のケース(0.5乗は平方根のこと)

　$u(100) = \sqrt{100}$

　　　　$= 10$

100の損失のケース

　$-2 u(100) = -2 \times \sqrt{100}$

　　　　　　$= -20$

かくして，同じ金額の場合，損失の心の打撃の方が，利得の得した気持ちよりも大きいという計算結果になった。

● ———— **主観的価値の伸び（感応度）の逓減性**

　次に，29頁で紹介した感応度逓減性についての数値例を見てみよう。例えば，200の金額を得るのに

　　• 100を別々の機会に時間をおいて2回得た時の主観的価値の値

　　• 200を一度に得た時の主観的価値の値

　のケースを比較，そして200の損失を被るのに

　　• 100を別々の機会に時間をおいて2回損失した時の主観的価値の値

　　• 200を一度に損失した時の主観的価値の値

　のケースの比較を行う。

「100を別々の機会に時間をおいて 2 回得た時の主観的価値」と「200を一度に得た時の主観的価値」（32頁（1）式を利用）

- 100の利得が時間をおいて 2 回に分けて得られた時の主観的価値

  0の時に100を得られる効用　$10 \times 1 = 10$

  それが 2 回 $= 10 \times 2$

  $\qquad\qquad = 20$

- 200の利得が一度に得られた時の主観的価値

  $u(200) = \sqrt{200}$

  $\qquad\quad = 14.14$

改めて 2 回にわたって受け取る時の主観的価値の方が一度に200を手にした方の主観的価値よりも大きい。

$\qquad 20 - 14.14 = 6.68$

両者を引き算すると6.68。前者の方が大きく，喜びも大きい。このことは主観的価値が次第に逓減していることを意味する。人にお金を渡す時は，一度に渡すより小分けにしたらより喜ばれるということであろう。

「100を別々の機会に時間をおいて 2 回損失した時の主観的価値」と「200を一度に損失した時の主観的価値」（33頁（2）式を利用）

- 100の損失を時間をおいて 2 回に分けて被った時の主観的価値

  0の時に100を失った時の効用　$-20 \times 1 = -20$

  それが 2 回 $= -20 \times 2$

  $\qquad\qquad\quad = -40$

- 200の損失を一度に被った時の主観的価値

  $-2\,u(200) = -28.28$

このように，2回に分けて改めて100の損失を被った時と，200を一度に失った時を比べると，主観的価値，つまり心への打撃は前者の方が大きい。

$$-40-(-28.8)=-11.2$$

この計算から，11.2も心への打撃が大きいということになる。感応度の逓減が働く後者より，それが働かない前者の方が大きい。失敗するなら一度で済ませた方がよいということであろうか。

◉─────参考

　前述の説明で，「時間をおいて別々に2回受け取る」という話だった。「連続して2回受け取った」場合，2度目の主観的価値の伸びはどうなるか。

◉─────利得時のケース

　100を別々に受け取ったケースの，100分の効用は20÷2で10である。200を一度に受け取ったケースの効用からその10を差し引く。

14.4-10＝4.4

　一度に受け取る場合の上乗せの100の受け取りに対する主観的価値である。上乗せの100に対してはたった4.4のありがたみしかない。

　消費者の場合，一度にたくさん買うよりは，小分けにして買った方がありがたみが大きくなるということである。前述したが，他の人にお金を無償提供する側になった場合，一度に無償提供するよりは何回かに分けてあげた方が感謝されるということである。2020年コロナ禍で政

府が特別給付金を国民全員に10万円ずつ給付したが，5万円ずつ2回に分けて給付した方が国民からは喜ばれたのかもしれない。

◉────── **損失時のケース**

時間をおいて2回損したケースと，100を連続して2回損したケースを比較しよう。

100を別々に損失した場合，そのうちの100の負の効用は−40÷2＝−20である。一度に失った時の負の効用は−28.28だったので，

−20−(−28.8)＝8.8

となる。すなわち，一度に打撃を受ける場合の，上乗せ分の100に対する損失に関して8.8しか心の痛みを受けていないことになる。20の打撃ではなく8.8の打撃にすぎない。これが，損失の領域での感応度の逓減と呼ばれる現象である。前述したように，失敗は一度に済ませた方がよいということになる。

かくして，利得のケースでも損失のケースでも，これらの数値例から感応度の逓減が証明された。

7　地域活性化例

筆者のひとりである土居は2017年に一般社団法人Pine Graceの設立に参画し，2019年度まで理事として組織の拡大に取り組んだ。この法人は植物から抽出される成分を応用してヒト・動物医療に活用し，さらには地域活性化に繋げることを目的に活動している。法人の開発した液体成分では香気を暴露することによる動物のストレスホルモン

（唾液中コルチゾールやコルチコステロン）の減少，高い抗真菌作用等が確認されている。事実，この液体成分の抗真菌作用は「効き目がありすぎて利益が上がりにくい」と評価されているくらい価値の高い製品である。効果はある程度低い方が反復して購入されるため利益に繋がるという。

　一般社団法人Pine Graceが高い利益を上げているかというとそうではない。ここで紹介するのも恥ずかしいくらいに赤字続きの法人である。設立当時，発起人メンバーは営利追求の株式会社ではなく，人の集まりである社団法人にする道を選んだ。人と人とのつながりを大切にし，活動に対しての理解を得ながら成長していきたいと考えたからである。

　行動経済学における損失回避性の概念は，金銭で置き換える以上に人に置き換えた方がわかりやすい。例えば友人を大事にする人にとっては，何らかの誤解により友人を１人失う悲しみは，新しい友人（すべてを知ったうえで理解してくれる友人）を２人つくることよりも悲しみが大きい。外から俯瞰して考えると，共感してくれる新しい理解者を２人得る方がよい。しかし，人間心理はそう単純ではない。その失った１人との思い出などがあり，どうしても失う友人の方に価値を置いてしまう。

　この損失回避の考え方は一般に経済合理性を妨げる概念であるが，地域活性化にはプラスに働く。地域とのつながりや地域に住む人々とのつながりを大事にする法人は，利益を切り捨ててまで地元を優先させる。これは一種の損失回避がもたらす好影響と考える。

　人の集まりである社団法人にとっては，人が財産である。ただ，それは単純に人数の多寡を意味しているわけではないと実際の経営を

通して認識した。一般社団法人Pine Graceの年会費は5,000円，入会金も5,000円である。仮に所属している会員が5名脱退し，代わりに5名が入会したとする。この場合，入ってくる年会費は25,000円で変わらず，追加でもう25,000円が入ってくる。つまり，金銭的にはプラスである。しかし，この状況を「利益が入った」と歓迎する役員はいないと断言できる。これまでともに活動してきたという想いは，とても金額で評価できるものではないからである。

　この考えは，活動をしてきた地域やそこに住む人々などのさまざまな事象に当てはまる。つまるところ，損失回避性は地域を活性化させることや，地域と協働するという側面においてはプラスの効果を持つ。事実，一般社団法人Pine Graceは高い利益は上げないものの，地域や企業と友好関係を築いてきたことにより，地域連携プロジェクト事業の案件があとを絶たない。行動経済学理論における不合理な行動が，巡り巡って好影響をもたらした事例である。

8　地域活性化のための指針

　自分の地域にただ「来い，来い」というのではなく，その地域の特性を生かして人を呼び込むべきである。後述（178頁）のレブンアツモリソウはその特性物にあたる。それは「場所が限定的，期間が限定的」という特性を有している。そうした特性物が持つ特長を生かして観光客を呼び込むためには行動経済学の損失回避の手法が役立つ。このレブンアツモリソウのように，北海道礼文町（礼文島）にしか咲かない，開花期間も短いという「限定さ」がある場合，人は「見ないと損する」という損失回避行動をとりやすい。

各地域にこうした限定的な種，期間というだけでなく，文化や建物などにも特性物があるかもしれない。例えば，寺院において，参道と太陽が一本道に並ぶ特別な瞬間がわずかな時間だけ発生しているかもしれない。これまでに気づかなかった特性物を見つけ，損失回避を据えた行動経済学の手法をとり，観光客に来てもらうのがよい。

3　　加重確率関数 [*1]

1　加重確率関数

　今価値関数を説明したが，これを使うと人間の経済行動が説明しやすくなったであろう。この基本を頭の中に入れておくと行動経済学が理解しやすくなる。

　プロスペクト理論のベースにはもうひとつの基本理論がある。プロスペクト理論の車の両輪のもう片方にあたる。それは加重確率という考え方がある。

　ある人は50％の割合で100万円が手に入るよと言われたとしよう。半々の割合であるから，悲観的に考えてしまいがちである。だめかなぁという方に。つまり，当たる割合を低く感じてしまう。

　ところが，100万円が当たる宝くじを買った場合，その当たる割合が何万分の一であっても，自分には何となく当たるかもしれないと思う。だから，人々は宝くじを買ってしまう。そもそも皆がそう思わないと宝く

じは成立しない。

　割合が低い時には，自分で感じる割合を実際の割合よりも高く感じてしまう。先ほどのように割合が高い時には，逆にその割合を実際の割合よりも低く感じてしまう傾向がある。

　割合というやさしい言葉を使ったが，その割合という言葉を確率という言葉で置き換える。ここで「過大評価」「過小評価」という言葉を使ってみよう。実際の確率が低い時には人々はその確率を過大評価してもっと高く感じる。逆に確率が高くなると人々はその確率を過小評価してもっと低く感じる。

　グラフに表そう［**図2-3**］。またイメージしていただきたい。加重確率関数を描く。縦軸に主観的確率をとり，横軸に客観的確率をとる。縦軸の主観的確率は，人々が感じる確率である。人が気持ちとして持つ確率である。横軸は本当の確率である。実際の理論上の確率を客観的確率と呼ぼう。宝くじは，客観的確率は低いのに，当たるんじゃないかと期待する主観確率が高いから売れるのである。主観的確率，客観的確率とも最高点は 1（＝100％）でそれを超えることはない。

　縦軸が主観的確率，横軸が客観的確率だとすると，原点からの45度の直線上は両者が等しいことになる。45度線の理論は経済学で好まれて使われる手法のひとつである。この45度線よりも上の部分だと，本当の確率よりも人が感じる確率の方が高い。確率を過大評価している部分である。宝くじの確率である。逆に，下の部分だと人が感じる確率の方が本当の確率よりも低い。確率を過小評価してしまっていることになる。

　原点のゼロから途中までは主観的確率が客観的確率を上回っている。45度線よりも上の部分に山型のグラフがある。数十万分から数

[**図2-3**] 主観的確率（人が気持ちとして持つ確率）と客観的確率（実際の確率）

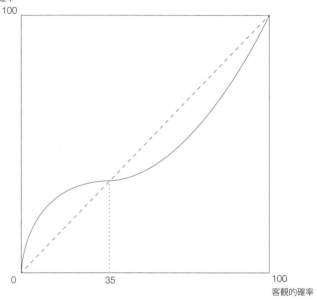

作成：土居拓務

千万分の一なのに，宝くじが当たりそうな気持がする。しかし，ある確率を過ぎると，それが45度線よりも下になり，へこみ型となってしまう。人の心理の不思議なところで，確率が低い領域では確率を過大評価，確率が高い領域では確率を過小評価している。

　ところで，それが入れ替わる点がある。45度線上にあり，原点から始まった上への凸型のグラフがその点から下の凹型になる。これまでの研究からこの点は0.35の35％と言われている。

実際の確率が0.3の30％の時はそれ以上に，0.5の50％の時はそれ以下に確率を感じてしまう。実際の確率が35％以上の場合，過小評価となっている。実際の確率が80％あっても，人はそれをより低い確率で感じてしまう。

　例えば，あなたが病気をした時80％の確率であなたは助かると言われても，20％も助からないわけで，「いや，もしかしたら助からないかもしれない」という気持ちが強くなる。しかし，20％の確率であなたは助かると言われると，希望をもってそれ以上の確率で助かるかもしれないという気持ちになる。これが加重確率関数に表れている。

　日本では起業しても，3年で70％の会社が消える，10年で93％の会社が消えると統計的数値が示している。言ってみれば，起業しても成功するのはたった7％に過ぎない。あなたの前に93％の失敗があるとしても，自分は大丈夫だろうと思う。人は過少評価する。だから多くの人が起業にトライする。その精神で成り立っているのであるから，この加重確率関数の理論は経済の原動力でもある。

2　地域活性化の例

　178頁で後述するレブンアツモリソウについて北海道礼文町(礼文島)観光客へアンケートを取った際，記述回答に意外な答えが多かった。それは，「礼文島に来たらレブンアツモリソウの開花が終わっていた」というものだった。てっきり咲いているものと思ったら咲き終わっていて残念だったというのである。これだけインターネットが盛んな時代にあらかじめ調べておかないのが悪いという話であるが，旅行者はシニアが多く，インターネットに精通していない人も多い。あるいは，シニアの

人たちといえども，最近は忙しく，十分な下調べをする時間が取れないのかもしれない。宿の空いている日を予約したら開花時期とずれてしまったのかもしれない。事前に十分に調べることができるならば，こんなアンケートの回答を書くことにはなっていない。

　12カ月中2カ月しかレブンアツモリソウは咲かない。確率は6分の1，北海道は冬は雪に覆われるので，春から秋にかけての6カ月と考えると3分の1。その割合（確率）でしかレブンアツモリソウにお目にかかれない。割合3分の1を確率に換算すると，33.3％である。前述のように，35％以下の場合，人は過大評価をする。つまり，33.3％以上の確率でレブンアツモリソウを見られると期待してしまう。レブンアツモリソウを見られるものと思って礼文島を訪れる。しかし，実際には33.3％の確率でしかレブンアツモリソウにはお目にかかれない。したがって，見られると思ってきたのに，開花したレブンアツモリソウを見ることができず，残念な経験をしてしまう人たちが出てしまう。

　もちろん下調べを十分していればそれは避けられる。レブンアツモリソウは5月から6月にかけて咲くとわかるからである。しかし観光というのは，下調べしすぎるよりもぶらりと行って偶然に何かと出会うという楽しみもまた大きい。調べないという無作為も楽しみのひとつである。「おそらく見られるものだ」という予想確率よりも実際の確率が低かったこともやむをえないだろう。そうした人たちは次の年を楽しみにしたらよい。来年の楽しみが倍増する。

3　地域活性化のための指針

　このように観光客を「がっかりさせる」のも，また旅行としてはよい。

桜祭りをはじめ，花の祭りを各地域で開催しているが，事前に設定した祭りの期間に花が真っ盛りに咲くとは限らない。その時は，観光客に堂々と残念がってもらえばよい。次回大いに期待してそのお祭りに来てもらえばよい。

　観光で楽しむにはどうしても確率が伴う。開花や紅葉の見頃だけでなく，天気，交通機関の乱れ，災害などさまざまな要素が絡み，観光客は一喜一憂する。読者の皆さんも，旅行に行ったら天気が悪くて，あるいは時期がずれていて散々な目にあった経験があるであろう。それも一種の旅の醍醐味である。それらが起こる実際の確率と，観光客の期待する確率の大きさというのは，経験値からだいたいわかるし，アンケート調査をしてみればもっと正確にわかる。その確率の乖離を逆に楽しんでもらう企画で観光客を呼び寄せるのもひとつの方法かもしれない。その乖離が大きければ大きいほど，観光客はがっかりし，そして次回に数倍の期待を寄せる。観光旅行の際，期待していなかったら思わぬ経験ができた，経験できるものと思っていったらできなかった（＝次回こそ経験しよう），これらはまさにリピートの動機になる。「がっかり」を楽しんでもらう。主観的確率と客観的確率の乖離を利用して地域活性化を図るのは面白い方法である。

註
*1─────加重確率関数についてはmcMc（2010）を参照した。

第3章

ゲーム理論

1　　　地域活性化での協力の重要性

　地域同士が観光客を奪い合っていく。それは競争として切磋琢磨していくという意味で望ましいことかもしれないが，勝ち組，負け組に分かれる。資本主義社会はこれを良しとしてきた。

　だが，地域が連携しあって盛り立てる例も出てきている。日本ロマンチック街道の試みである。長野県上田市から栃木県日光市までの約320kmの街道をこう名づけて，地域が連携している。浅間山の南側をぐるっと回り，群馬県嬬恋村に北上し，そこから吾妻街道を東に進み，栃木県に入り日光に至る道で，ドイツ的景観を持つ街道としてPRしている。ドイツというよりは，雄大な浅間山，榛名山，赤城山，男体山を目にし，山々を気軽に遠景で触れながら歩ける街道というべきであろうか。ロマンチック街道特有の川である千曲川，次に吾妻川などを下っていく。フォトコンテストなどを行い，山間の離れた地域同士が連携しあい，盛り上がっている例である。

　一つひとつの地域がPRするというよりも地域が連携して相乗的にPRをしている。競争して自分のところだけ観光客が多くなるようにするのではなく，連携で地域資源をうまく生かしあっている。競争よりも連携することで多くのプラスを得ている。

2 　　囚人のジレンマ

　人には,「合理的でかつ自己中心的に」行動する傾向がある。それをゲーム理論で見てみよう。一般のゲーム理論の説明から入ろう。囚人ゲームと呼ぶ。競争入札に違反して談合を行ってしまった 2 社の 2 人の容疑者がいるとしよう。その 2 人は各会社の談合責任者でもあり,実行者である。談合なので確固たる証拠がない状況だ。このままでは警察は 2 人を起訴ができない。しかし,談合を行った当人はこの 2 人で間違いない。

　A社の容疑者甲とB社の容疑者乙が別々に取り調べを受けている。談合を認めれば自分の罪は軽くしてもらえるが相手は重くなる。どちらも同じ立場だ。自分が有利になることを考えれば,相手のことなどどうでもよい,自分だけ談合を認めればよい。せっかく仲良くやってきたのだからと相手の立場も慮って自分が談合を認めない時でも,相手が認めてしまえば自分だけが服役することになる。ただし,2 人とも談合を認めなければ,談合の証拠はないわけだから,2 人とも無罪放免だ。

　この時 4 つのケースが考えられる[**表3-1**]。

①お互いがお互いの立場を考慮して談合を認めない→ 2 人とも刑務所に入らないで済む

②甲だけが裏切り談合を認める→甲は減刑され得をする(あるいは司法取引で罪を問われない)。乙は談合を認めた時よりも重い量刑になる

③乙だけが裏切り談合を認める→乙は減刑され得をする(あるいは司法取引で罪を問われない)。甲は談合を認めた時よりも重い量刑になる

④甲と乙とも相手のことは考えず，自分優先で談合を認める→2人
とも重い量刑となり刑務所に入る

[表3-1] 囚人ゲームにおける4つのケース

	甲	
乙	①2人とも談合を認めない	②甲だけが談合を認める
	③乙だけが談合を認める	④2人とも談合を認める

作成：水野勝之

このケース分けにおいて，自分だけが得しようとして2人とも自分の
利益を追求するとなると，結局④で2人とも談合を認め，2人とも量刑
が重くなり刑務所で長く服役することになってしまう。2人ともよくない
状態で落ち着く。このように，自分可愛さで結局両者が損をする④の
ケースをナッシュ解という。それに対して，2人が，自分本位ではなく
相手の立場も考慮すれば，2人とも談合を認めない。そうすると，証
拠がないので，①のように2人とも得をする。2人とも得するこのケー
スをパレート最適と呼ぶ。ところが実際には，「合理的でかつ自己中心
的に」自分の利益を一番に考えるため，ナッシュ解の状態になるのが最
も一般的である。企業が，競争して足の引っ張り合いをすれば，どの
企業も一番損をしてしまうナッシュ解に陥るということを意味している。

3　　　行動経済学とゲーム理論

行動経済学の主張は，このゲーム理論の通りにナッシュ解になるわ

けではないという。現実社会では「協力」が発生するからである。

　第1に，このゲーム理論を一度実践すれば，両方が損をしてしまうことにお互いが気づく。企業は活動し続けるわけだから，ゲーム理論を繰り返す。その1回1回のゲーム理論が独立していて，そのたびに2つの企業が裏切られた分，仕返しを繰り返していくと（トリガー戦略＝仕返し戦略），最後にお互いに協力しなければ，損をするということに気づく。協力し合えば，パレート最適の状況が作れることがわかる。結局企業は，お互いの利益のために協力し合う。裏切りには罰則を作っておけば，協力せざるをえない。合理的で自己中心的な行動を前提とするゲーム理論のナッシュ均衡は成立しなくなる。

　第2にリチャード・セイラー『セイラー教授の行動経済学入門』（篠原勝訳，ダイヤモンド社，2007／原著＝1992）によれば次のようなことが言えるそうだ。ゲーム理論に従うと，公共財を無料で使おうとするフリーライダー（ただ乗り）が増えるという問題が発生する。経済学のフリーライダーについて説明しよう。例えば，仮に，通行するのに料金を支払う必要がある特別な歩道があったとする。しかし，高速道路などのように料金所の係員に人件費を払えないので，係員を置けない。そこで利用者が自分で料金箱にお金を投じる仕組みとなる。すると，支払う人がいる一方で，支払わない人も出てくる。誰が払って誰が払わないか，わからないからだ。支払わないで道を通る人をフリーライダーと呼ぶ。

　「フリーライダーが発生するために協力というゲーム理論は成り立たない」という理論に従うと，受信料で収入を賄う公共テレビが放送を維持できるのは視聴者から資金を集めているからだという事実や，ボランティアを行うNPO法人が運営できるのは大勢の人々から寄付を受け

ているからだという事実についての説明がつかない。つまり，ゲーム理論の説明とは違い，実際には人々は「協力」しているのである。人はつねに合理的で自己中心的な行動をとっているというわけではない。

では，人が「協力」するようになるのはなぜであろうか。経済学者のロバート・H・フランクによれば，「協調ありきの者は他人からの協調をうまく引き出す他，他の協調者たちに協力してみようという気を起こさせて良い結果を得る」からである（リチャード・セイラー［2007］，p.26）。協調者だけが集まった社会を構成できれば，参加者がいずれも得をするパレート最適に近い状況を生み出すことができよう。

今挙げた第1と第2をまとめてみよう。いずれにせよ，人の行動は「協力」「協調」が個人や社会全体にとってプラスとなる。従って，人は「協力」「協調」をする。それを外れると罰を科したり，最初からその中に入れなかったりして，「協力」「協調」をする者のみで集まる。その結果，「協力」「協調」が成功する。ゲーム理論の考え方のように，合理的で自己中心的な行動を皆がとる社会にはならない[*1]。

4　　最後通牒ゲーム

ゲーム理論のモデルのひとつとして「最後通牒ゲーム」がある。ドイツの3人の経済学者，ギュート，シュミットベルガー，シュバルツェによる開発である。

甲と乙の2人がいる。仲介者丙が甲に100万円を渡す役を演じると

する。条件は，100万円のうちいくらでもよいから，受け取った甲が乙に渡せばよいというものである。簡単なことのようだが，もうひとつの条件が付いている。つまり，もし乙が1円も受け取らなかったら，100万円は丙に回収されてしまい，結局甲も乙も1円も受け取れないということである。

さて，甲はどうするか。その甲の行動に対して乙はどう反応するか。乙は甲が丙から100万円を受け取っているのを知っているものとする。

最初に理論的に考えよう。甲は自分ができるだけ多く受け取りたいので0に近い金額を乙に渡そうとする，乙は0よりはましなのでそれを受け取る。両者ともお金を手に入れてウィンウィンでハッピーである。こう予想できる。

ところがである。2つのケースが考えられる。まず，ケース1である。甲は良心的に50万ずつ分ける。次にケース2である。甲が100万円を受け取っているにもかかわらず乙には1万円しか渡さないものとしよう。甲は99万円をわがものとする。乙は悔しい。乙は受け取りを拒否して，結局2人とも受け取りがゼロになる。

ケース1もケース2も，理論とは異なる。つまり，人は理論どおりには行動しないということである。特に，ケース2の場合，「くやしさ」という感情が理論を覆してしまう。ケース2を防ぐためには，ケース1のように「公平」でなければならない。理論ではなく「公平」が人間の経済行動で重要視されるゆえんである[*2]。

しかし今，人の行動では「協力」「協調」が個人や社会全体のプラスとなるとしたが，狭い世界ではプラスになっても広い世界ではマイナスになるかもしれないことに留意しよう。先の囚人ゲームの例でも示したように，日本では建築業者や土木業者の談合があとを絶たない。協力

しないとお互いが損をすることはナッシュ解（どの業者も損をする）という状態で示した。協力しさえすれば両方が得をするパレート最適になる。競争入札の例でもそうである。競争して結局両者が安い価格で落札して利益を少なくするより，談合をして，落札を約束された業者が高値で落札した方がその会社にとってプラスである。最後通牒ゲームの説明で話したように，どの業者も極端に損をしないように，これを順番でやれば土木建設業界は潤う。パレート最適（どの業者も得をする）を達することができるからだ。業者たちはウィンウィンの関係を得る。ゲーム理論通りの合理性を否定して，協力をしあったことによる成果である。

　だが，国全体としてみた場合，もっと安く済むはずのところに多くの税金が投入されることになる。業者たちにとってはパレート最適でも，国民にとっては大きなマイナスであり，パレート最適ではない。従って，公正取引委員会や警察が談合に関しては厳しく取り締まっている。

　それを助けるのが内部告発である。極端に損をする業者が現れる。すると，最後通牒ゲームで不満を持った者のように，その話全体をなかったことにするため不満業者が通報する。そして談合を崩壊させる。この繰り返しが現実である。

5　　　　地域活性化の指針

　企業とは違い，地域の連携はプラスになることはあってもマイナスにはなりにくい。先の日本ロマンチック街道の例でも，県を越えていくつ

52

もの市町村が協力し合って，何もないところから日本ロマンチック街道という存在を創り出した。連携が新たな観光地を生み出した。

　このような一本の道だけではなく，最近顕著なのが世界遺産である。広範な範囲から形成されている。群馬県富岡市の富岡製糸場が世界遺産といっても，世界遺産「富岡製糸場と絹産業遺産群」の一部である。荒船風穴，高山社跡，田島弥平旧宅等を伴っている。「富士山」が世界遺産だからといって富士山だけが世界遺産ではない。富士山は文化遺産であり，富士五湖，富士山本宮浅間大社，三保の松原なども含まれ，25の構成資産からなる。「長崎と天草地方の潜伏キリシタン関連遺産」も長崎県だけでなく熊本県に広がる教会群を指す。多くが集まることによって意味づけがなされ力を発揮し世界遺産に登録される。日本の世界遺産はまさに地域連携の象徴といえよう。

　このようにつながると，または集まると意味合いが出てくることがある。各地域に個別にあるだけでは意味をなさないが連携しあうことによって全体の意味が生じてくる可能性がある。地域活性化では，こうした存在を見つけ出し協力し合えるかがカギとなる。

註

*1————ただし，異論はある。働きアリの法則である。8割のアリが働き2割がさぼっている。その2割を取り除いたら，働く者だけが残って全部が働くかというとそうではない。またその中の2割が働かなくなる。協調しない2割の人を除けば皆が協調するようになるかというとそうではない。その中から協調しない2割が新たに現れる。これが人間社会である。全員が協調する社会は理想かもしれない。

*2————リチャード・セイラー『セイラー教授の行動経済学入門』（篠原勝訳，ダイヤモンド社，2007）と本章第3節「行動経済学とゲーム理論」（中村賢軌）を参照。

第4章

派生効果と地域活性化
プロスペクト理論とヒューリスティック効果

行動経済学では，プロスペクト理論や他の理論に基づく派生効果が概念化されている。そこで，本章ではそれらの効果を紹介し，実際に地域活性化に役立った例，そしてこれからその効果をどう生かせば地域が活性化されるかを述べていく。

1　損失回避性からの派生効果

1　プロスペクト理論の損失回避性から派生する効果　「保有効果」

行動経済学で用いられる心理効果のひとつに「保有効果」がある。プロスペクト理論では，損をすると嫌な気持ちになるので損を避けたいと考える。前述の損失回避性である。

同じものでも，買う前か買ったあとかでその価値が違ってくる。つまり，自分が持っているものであると，より高い価値を感じる。人は自分の保有しているものの価値を高く見積もる傾向がある。その結果，それを手放すことは大きな損失となるので，損失を回避するために保有し続けたいという心理が働く。

その一例として，「愛着がある」という言葉で説明するとわかりやすいかもしれない。例えば，長年乗っていた車を「古くなったから」と簡単に乗り替えることができるだろうか。著者は25万kmも走った，29年前に購入した車を，修理を繰り返し乗り続けている。同じような人は多いのではないか。これは保有効果の表れといえる。もしこの車が，自

分の車でなく他人の車だったならば，見たまま「古い車」と評価するであろう。しかし，本人にとっては愛着や思い出のある大切な車なので価値が大きい。他方，この車を売っても二束三文だが，新たに買うと高額な費用が掛かる場合，その購入費は損失と考えられ，今持っている車を手放すのがより大きな損失とみなされる。

　保有効果の理由を整理すると，第1に，自分のものにはより高い評価をするので，手放すと損失が大きいと感じ手放さない，第2に，自分のものを手放して新たに買うと多大なお金がかかるため，それを損失と感じて手放さないということになる。

　保有効果は，ほんの少しの期間保有しただけでも見られることがある。この心理をマーケティングに応用したのが，商品の試用期間である。本来ならば法律で返品猶予期間は8日以内と決まっている。しかし，その期間を何十日後，何週間後とする商法が散見されるようになってきた。たった数日間から数週間，商品を保有しただけで，顧客は保有効果により「返品したくない」と感じ，商品を購入することになる。「さんざん使用された商品を返品されたら業者も困るだろう」とはたから見ても心配になる。じつはこの商法は行動経済学の保有効果が利用されている。試用期間中に消費者に商品への愛着を持たせ，購入価格よりも高い価値を持たせているのである。そうすることで，消費者は商品を手放しがたくなるのである。ある程度使ったあとでの「返金保証」「返品交換」を明記する企業は，この効果を認識し，上手に利益を生み出していると言える。

　もっと短い時間で保有効果がみられるのは税金である。人は一瞬でもお金を手に入れると，税金は損失と感じる。あの手この手で節税，脱税を行う。できるだけ納める税金を少なくしたいと考える。これも，

保有効果の典型的な例であろう。

　近年，マイカーリースで初回契約が切れる3年ごとに車を買い替えることを勧めるコマーシャルがある。第三者として見ている分には合理的な経済行動で人生を楽しめるように思える。しかし，いざ買ってみると，その車が自分にとても相性がよい場合などがある。他のメーカーの車，または同じメーカーでも，同乗した家族が車酔いしやすかったのにその車は誰も酔わないなど。同じ車種でもそのような違いが起こりうる。人生でのめぐり逢いのようなもの，しかし誰か他の人が見れば何だそんなことかと思うような普通のこと，それは自分に対してのみ高い価値がつく。商品の当たりはずれの，当たった時のようなものだ。ファストファッションが1シーズンごとに買い替えることでヒットしているように，はたしてそのカーリースは1サイクル（車検までの3年間）で買い替える習慣を消費者につけることはできるであろうか。消費者の保有効果に対するリース会社の挑戦である。

　保有効果は社会的に困ったことも引き起こす。空き家問題がそれである。総務省「平成25年住宅・土地統計調査」によれば，全国の空き家は820万戸（住宅総数6,063万戸）であり，空き家率は13.5%。約7件に1件は空き家という計算だ[*1]。住まなくなった空き家がそのままになって近所迷惑という問題を引き起こしている。新築数が空き家除去数よりも圧倒的に多い。家が建っていれば固定資産税が空地のケースより優遇される，壊すのにお金がかかるなどの金銭的理由もあるが，自分や家族が長年住み慣れた思い出の家を壊せないというのも大きな理由のひとつとなっている。人々の心理における保有効果が経済問題を引き起こしているといえよう。

　筆者は30年前にイギリスに留学した時，どこのお店にもプリントを貼り付けた薄手のティーカップが売られていた。ロンドンだったら，兵隊とか2階建てバスとか国会議事堂など。その地固有の文化的資源や動物たちのプリントなどだ。外国に行くと，現地では素晴らしいと思って買ったティーカップもコーヒーカップも日本に持って帰ってくると，どれも大きすぎるものばかりとなる。その中でも，その時流行っていた薄手のカップは日本人でも飲みやすい大きさだった。カップを大量生産して卸し，各地域でプリントしただけなのは明らかだったが，お土産としては最適だった。帰国して日本で使っているうちに割れてしまった。保有効果で，持っているものを失った時の心のダメージは非常に大きかった。その形に愛着が出てしまっていた。やりまたイギリスに行きそのカップを買いたいという気持ちになる。20年後にイギリスを訪れたが，そのカップを探してもない。代替する，違う形のカップはたくさんあったが，新たに得るものの良さよりも大切に使っていたものが割れてしまったダメージの方がずっと大きかった。損失のダメージの方が得ることの喜びよりも大きいというプロスペクト理論である。流行が終わってほとんどなくなっていたのだが，ようやくひとつ見つけて買って帰ってきた。保有効果によりお土産の価値を高めることは大切なことなのである。ティーカップは旅の思い出を実用化させて保有効果を高めた例である。

　ということは，このように「昔はあったはずなのに」とお土産を探してもらうのもひとつの方法かもしれない。売れ行きは落ちて廃れてなくなってしまったものが，カセットテープのように復活している時代ではないか。なくなったはずものを復活させ，保有効果に訴える，これもひと

つのヒントであろう。

　保有効果は，新しいものを手にした時に得られる感動の大きさよりも保有しているものを失う心のダメージの方が大きいというものだった。

　人は，手に入れたお土産を思い出として，自分独自の価値づけをして保有している。それを買い替えてもらおうというのは難しい。小学校の遠足で行った時に買ったお土産を捨てて，30年後に買ったお土産をそれ以上に大切に保有するかといえばそうではない。小学生時代という人生の時間の価値がそのお土産には含まれている。

　お土産というのはそれを見ながら旅の経験またはその時代を思い出すこともある。ということは，その思い出を振り返るためにもう一度行きたいという気持ちを持ってもらえるようにしたらよい。

　時間さえ違えば，お土産にはまた違う価値が吹き込まれる。小学生の時の遠足でその地に来たという人たちに呼び掛けて，もう一度来てもらう方策も考えられる。小学校で行った時に買ったお土産を持ってきたら感謝のシールをそのお土産に貼ってあげるというような方策は効き目があるように思われる。小学校時代に行った地を再び訪れたくなる可能性もある。こうした工夫によって，「数十年をまたいで」リピートしたくなる思い出の地としての観光地づくりも大切である。

2　プロスペクト理論の損失回避性から派生する効果　「現状維持バイアス」

　私たちは少なからず現在の状態に執着する傾向がある。保守的と

いう言葉が合うであろうか。それを現状維持バイアスという。物質的なものに執着する保有効果に対して，現状維持バイアスは抽象的な事象を対象にする。現状維持バイアスとは，現状の価値を大きく見積もり，それを失うことを恐れて新しい行動をとることに躊躇してしまうことを言う。例えば，今勤めている会社よりも条件の良い会社からオファーを受けているにもかかわらず，なかなか踏み切ることができない。社内で得たこれまでの評価，せっかく築いた人間関係が次の職場でどうなるかわからないからである。人はわからないことへの恐怖がある。

　また，中学から高校，高校から大学に上がったタイミングで妙に同窓会の回数が増える経験はないだろうか。新学期に，旧友たちと膝を突き合わす。これも新しい環境に対して，かつての学校生活を懐かしむ現状維持バイアスと認識されている[*2]。

　やはり，現状維持バイアスも社会的に困ったことを引き起こす。企業も同様に現状維持バイアスに取りつかれることがある。企業といえども人が経営している。行動経済学の範疇だ。2000年代，シャープは液晶テレビ技術が優れていたため国内のトップシェアを誇っていた。薄型大型テレビ市場を席捲していた。そのため，自社の亀山工場を拡大した。事業拡大を図ったわけである。だが，その間他メーカーは液晶に頼らなくても優れた映像を映し出せるテレビを開発していた。そして，低価格で製品化することに成功した。結局，液晶技術に固執して工場まで広げてしまったシャープは落ち込むことになった。液晶の技術をその後も維持し続けようとした現状維持バイアスの効果だった。

　2015年に発覚した東芝の不正会計問題は数代の経営者によって引き起こされた。ひとつの説として，社会では，彼らの経団連会長への執着のため，決算をよく見せかけたという見方がある。私欲，権力欲

が事件を引き起こしたとされている。だが，もうひとつの見方ができる。東芝は経団連会長を輩出してきた。その状況を維持することが先輩たちに報いることである。その現状を維持しなくてはいけない。それが不正会計を行った経営者たちの動機のひとつであったのではないかと筆者は考える。経団連会長にならないでも経済界をリードしていくという「新しい行動」には思いが至らなかったのであろう。

●───①地域活性化の例

　現状維持バイアスも有力な選択肢である例を示そう。筆者が所属している大学である。東京のど真ん中にある。かつて国が推進して，都心の大学の郊外への移転が進められたことがあった。郊外の広いキャンパスで，海外の大学のような環境を整備して大学教育を行おうというものだった。他大学は手を挙げて，早々に移転した大学も多数あった。筆者の大学はこの選択をせず，移転することなくそのまま元の都心の土地に居続けることになった。時が過ぎて数十年，少子化の中，都心の便利な大学が人気を集め，志願者も増加するようになってきた。焦ったのが郊外に出た大学であった。不便なために志願者が減ってきた。また教員からも，自分に関連する研究資料などから遠い，研究会の場所から遠いなどの研究環境の悪さが指摘された。大学の都心回帰が起こり，多くの大学が都心に戻ってきたり引っ越してきた。その中で筆者の所属している大学は，現状維持バイアスのため移転を決断せず，そのまま残り2009年度から4年連続志願者日本一にまでなった。都心で動かないままの選択は現状維持バイアスであり，「現状維持」という決断は最も大きな勇断であったといえる。

　今の大学の例からもわかる通り，動くことも大事だけれど動かないという選択も大切なことがわかる。現状維持バイアスは，一見リスクを怖がって現状にしがみつきたいという，マイナスのイメージになりがちだが，「動かない」「やらない」というのはじつは大きな武器である。動かざること山のごとしである。

　他の自治体がやるから自分のところもという同調行動をとりがちである。地方は，かつて古い街並みを壊し近代化を目指した。しかし，逆に最近では古い街並みの方が観光の売りとなっている。現状維持バイアスを選択して，他の自治体と同じ行動をとらないというのは非常に大切である。現状をより一層輝かせていけばよい。現状維持バイアスは尊い。

2　　　ヒューリスティックからの派生効果

　行動経済学に「ヒューリスティックス」という言葉がある。発見方法と訳される。だが，日本の行動経済学の本を読んでもこの説明をうまく的確になしえているものがほとんどない。あいまいな表現でまとめられていることが多く，読者に伝わりにくいのではないかという印象を受ける。

　人というのは，筋道立った解決法をとらず，とっさの判断で実行する

という考え方である。「正解」が事前にわからないからである。「正解」を知っていれば筋道立った方法でそこにたどり着けばよいが，生活していてわれわれに降りかかってくる多くの難題は正解が事前にわからないことばかりである。

　しかし，立ち向かわなければならない。解決法を発見しなければならない。10分で解決しなければならないこと，3分で解決しなければならないこと，それらに対して今から本を読んでその解決方法を研究するわけにはいかない。これまで人生で学習してきたことに基づいて「直観」で判断して解決に臨む。これが，行動経済学の「ヒューリスティックス」である。「こうすれば必ずこうなる」という図式（＝数学の証明のようなアルゴリズム）に頼れず，自分で答えを発見せざるをえない。

　これに関連してバイアスの説明もしておこう。自分に本当に合う異性の人（客観的正解）と，好きになる異性の人（好きだという気持ちで選んだ人）は違う。ところが，今やその年に婚姻したカップルを含め，年間に約35％が離婚している。多くの人が客観的正解から離れた解答を発見したためであろう。偏った判断が正解を引き離してしまっている。これをバイアスという。人がヒューリスティックで選んだ答えには，その人の感情や直感が入り，客観的な正解から離れて偏ってしまう傾向がある。

1　ヒューリスティックから派生する効果　「利用可能性」[*3]

　「利用可能性」とは，何か出来事が起きる可能性を予想する際，最近見たり経験した出来事や過去の目立った出来事を思い出してより過大な確率で起きうると判断してしまうことである。蓄積した長期的記憶

から，それに基づいてこれからの出来事の起こる確率を高く計算してしまうことである。

2011年の東日本大震災での利用可能性の例がある。

福島第一原子力発電所の事故以来，国によっては福島の農産物は危険だとして購入を禁止している。実際は科学的根拠をもって安全である。だが，過去最大の原子力発電所の事故として印象に残っているので，その国の国民は福島およびその近県の農水産物は危険だと思い込み，その国の政府の姿勢を評価してしまっている。「原子力はただ危険」という思い込みから来ている現象である。実際の確率以上に危険性を過大評価してしまっている。

2019年に安倍内閣の内閣改造があった。前内閣での環境大臣は，福島原発処理でたまった汚染水を薄めて海に投棄するしかないと発言したことに対して，新しい大臣は，前大臣の言葉について福島県民に無条件で謝り，人気を取った。だが，汚染水がたまった以上，それを処理しなければならない。危険なものを海に流すのではなく，科学的に安全な根拠（人体に影響ない程度に稀釈して海に流す）に基づいて判断して流せばよいというのが前大臣の発言である。政治家は，「放射能は危険」というだけで，人気取りのため無条件で，正しい言葉を訂正してしまっている。これは実際の確率以上に危険性を高く受け取る人の心を利用した政治的アピールであった。

その他，1995年の阪神淡路大震災の時も，神戸には大地震が起こったことがないから安全だという安心感があった。だが，実際には大規模な地震が起こってしまい，大きな被害が発生した。

危険について利用可能性でよく出される例に航空機事故の例がある。実際は航空機事故に遭う確率よりも交通事故に遭う確率の方が

遥かに高いにもかかわらず，重大な航空機事故のニュースを見て，人は，航空機が危険なものだと思い込む。この利用可能性によって，危険が必要以上に重く受け止められてしまう。

◉ ─── ①地域活性化の例

　実態以上に数字が大きいようなイメージ作りで特徴づけをするのに成功したのが，鳥取県である。「漫画の県といえば鳥取県」というイメージである。なるほど鳥取県は境港市の水木しげる，北栄町の青山剛昌，鳥取市の谷口ジローと3人もの名だたる漫画家を輩出している。だが，よく考えるとたった3人である。にもかかわらず，漫画だったら鳥取県というイメージ作りに成功している。今後○○県が漫画王国を主張したとしても，鳥取県にかなわない。他の都道府県も十分漫画を名乗る資格があるであろうに，鳥取県は特別に漫画県の印象を全国に対して持たせている。数字以上のインパクトを日本，いや世界中に与えた。

　鳥取県には，空港が2つあるが，漫画にちなんで鳥取砂丘コナン空港，米子鬼太郎空港と名づけている。そして境港市は水木しげるロードで活況を呈している。テレビで全国放映されることも多く，日本国民，皆が知っている地域になっている。いち早く青山剛昌ふるさと館を作った北栄町はインバウンドで成功し，今や(コロナ禍前までは)そのふるさと館に入るのに2時間待ちというケースも生じていた。毎年お正月に，「青山剛昌先生と話そうDAY」という講演会のイベントも開催され，それを毎年地道に続けたのも功を奏したようだ。当初，筆者の研究室の大学生たちも，企画，運営に加えてパネラーとして参加させていただいた。貴重な立ち上げの時期に参画することで，少しは貢献で

きたと考えている。最初は町民だけが参加する催しであったが，今や国際的な参加があり，青山剛昌ファンにとっては垂涎の参加券となっている。また，町は北栄町マンガ寺子屋委員会を立ち上げ，マンガ寺子屋を町内あちこちに設置し，漫画での地域活性化に力を入れている。

　このように，鳥取県は，漫画だったら鳥取県という思い込みを国民や全世界の人に植えつけた。漫画といえば，鳥取県を思い起こさざるをえない状態にまでなった。

◉───②地域活性化の指針

　要は，人々に印象づけることが重要である。イチョウならば全国どこにでも生えている。だが，イチョウと言ったら神宮外苑という結びつきになる。地域に関しては，「○○ならば××」というように，印象づければよい。鳥取県は漫画で印象づけに成功した。

　素直に書けば，実際以上に良く見せかけるということになる。最初は，実現不可能と思われる高度な目標設定でも，地元の人たちに地域をより良くしたいという気持ちが生まれて，設定されたテーマに関して他の地域よりも優れたおもてなしをするようになる。高い目標設定でもそれが実現されれば過剰広告ではない。設定テーマに関して他の地域よりもより良いおもてなしが受けられ，大いに楽しむことができるとアピールする，そしてそれを実現させる。そうすれば，行動経済学の利用可能性から，人々は「○○ならば××」というイメージを持つであろう。まずは人に覚えてもらうこと，人に印象づけることが重要となる。

2 ヒューリスティックから派生する効果 「アンカリング効果」[*4]

ヒューリスティックのひとつにアンカリング効果がある。アンカリング効果とは，最初に刷り込まれた情報（数字や言葉），経験などに基づいて人が判断を下すことを指す。この名前の由来は，船がアンカー（錨）を下ろすと，その船はそこから遠くには離れられず，アンカーの許す範囲でしか動けないことである。人の判断は，最初に印象に残った数字や事象から影響を受けている。アンカリング効果は，人が予測する際，最終的に，「最初に設定した値」から離れられないことである。

例えば，ある人に不動産広告でマンション一室が「500万円」という小さい数字を見せ，また別の人にはマンション一室が「1億5,000万円」という大きな数字を見せたとする。所得は2人とも同じくらいだとする。その後，買いたいマンションを不動産広告から選んでもらうと，大きな金額を見せられた人の方が，小さい数字を見せられた人より大きな金額のマンションを選ぶ傾向がある。これは前に見た数字が無意識に影響していると考えられている。安いマンションに見劣りを感じてしまうからであろう。他方，「500万円」の物件を見せた人に選んでもらうと，高額ではないマンションを選ぶ傾向にある。最初に見せられた不動産の価格がアンカーとなってその後の選択に影響している。かくして，地方の不動産が安価な地域で高額マンションを売り出してもさほど需要がないということになる。住民は周辺の，高くない住宅の値段が標準（アンカー）となっているからである。逆に，バブル期には，不動産の高い価格が当たり前になっているので，都会の住民は高額な不動産に抵抗がなくなってしまっていた。そのことが不動産の価格を異様に引き上げてしまったひとつの要因であろう。

最初に目にした情報に影響を受けている例は他にもある。例えば，

初めて入ったお店の料理がとても美味しかったとする。しかし，その後に料理人が変わり，味が悪くなったとしても，「名店の名前」がアンカーとなり，自分の舌がおかしくなった程度の思いで，しばらくはそれに気づかないのではないだろうか。

　また，お菓子の一袋の量をメーカーが減らして事実上の値上げを行ったケースも同様であろう。最近よく使われる手法である。これまで食べていた量に対して，消費者は減ってしまったという感覚は持たないであろう。舌で量を測るわけでもないし，メーカー側も減ったとはっきりわかるような印象は持たせないようにする。価格は維持されている。量ではなくその価格がアンカーになっているので減量されたあとでも消費者の行動パターンは変わらない。これはうまく値上げを行う手法である。メーカーはこのアンカリング効果を利用している。

　アンカリング効果が逆利用され，消費者が惑わされてしまっていることがある。メーカー希望小売価格なるものが消されてそれよりも安価な価格が表示されているのを目にする。皆さんも思わず「安い」と思って買ってしまった経験があるであろう。そもそも電化製品などをメーカー小売り希望価格で買ったことのある人はいるのであろうか。ほとんどいないであろう。値引きを要求すれば値引いてくれて消費者は儲かったような気持ちになる。それをおとりに消費者の購買意欲を湧かせるための手法ともいえる。二重の価格表示制，しかもひとつの方は実際に取引されることが少ない価格である。このメーカー小売り希望価格こそがアンカーの役割を果たしている。それを基準に消費者は行動している。ただし，この場合は，アンカーから遠ければ遠いほど，つまり小売り希望価格よりも低ければ低いほどよいということになる。これも最初の値に引きずられての経済行動なので，アンカリング効果の典型

例のひとつに加えられている。

●———①地域活性化の例

a. 千葉県

東京湾を横断する道路「東京湾アクアライン」がある。約15kmに及ぶこの道路は海底トンネルと橋から成っている。途中，パーキングエリアとして活用されている「海ほたる」という人工島もある。1997年に開通した。

その建設費の高さから，当初普通車の通常料金は4,000円。2002年からは社会実験としてETC割引が導入され2,320円という料金も登場した。だが，その価格の高さから利用者数が伸び悩んだ。割引料金でも往復すれば5,000円近くになってしまう。生活道路としても観光道路としても使い勝手が悪かった。2009年その値下げを公約としていた森田健作氏が千葉県知事に当選した。森田知事が政府と交渉し，ETC割引で普通車の料金を800円に引き下げることに成功した。

4,000円が800円になったわけである。交通量が急増した。道路交通センサス（国土交通省）によれば，2009年以前は1日平均20,800台にすぎなかったが，値下げ以降，1日平均29,300台と増えた。1.4倍に増えた。4,000円というあまりに高い料金を800円という庶民の手の届く料金に値下げしたことが功を奏した。4,000円をアンカーとしたアンカリング効果のひとつと考えられよう。

b. 鳥取県（より広い意味でのアンカリング効果）

数字のゼロをうまく生かした県として鳥取県がある。「スタバはない

がすなばはある」。鳥取県といえばこの言葉を忘れてはならない。平井伸治知事の名言（迷言?）である。駄洒落である。しかし，ゼロというイメージを土台に，100に匹敵するものがあるというイメージを生み出した。鳥取県には広大な鳥取砂丘があり，観光名所となっている。鳥取砂丘は，小中学校の教科書に載っている誰もが知っている名所だが，一度行けば二度行く必要がない場所かもしれない。遠く海辺まで砂丘を歩いていく体験は一度でよい。そう思っている人も少なくないであろう。そうしたところに，平井知事が鳥取砂丘の貴重な存在を国民に思い出させてくれた。いくつかの砂丘は日本の他の地域にもあるが，このように大規模な砂丘はほとんどない。

　まさに「スタバはないがすなばはある」はゼロから100のイメージを作り出した。当初の数字を引き合いに貴重な観光資源をアピールしたものだ。以前は特徴がゼロと言われていた鳥取県であるから，これも，アンカリング効果の成功例として解釈できよう。

◉────②地域活性化の指針

　アンカリング効果は，直前の数字や認識に基づいてその後の行動の判断を行わせてしまうことである。前者の千葉県の東京湾アクアラインの料金のように極端に安くなると皆が使いたくなる。値下げ以上に大きな経済活性化の効果を生んだ。後者の鳥取県の場合のように「ゼロを生かす」という方法は有効である。「○○はないが××はある」というのは，100を際立たせるためにゼロという数字を利用したと解釈できる。

　人は直前の数字の印象が悪い意味で強烈でそれよりも良い数字はその人の判断に大きく影響する。まずアンカーになる数字を強烈に印

象づけておいて，そのあとの数字を出して宣伝する。これは地域活性化のために活用するひとつの有力な方法と考えられる。

3　ヒューリスティックから派生する効果　「後知恵バイアス」[*5]

　後知恵バイアスとは，ある結果が出たあとに「そうなることを前もって予想していた」と認知してしまう現象である。

　絵画の価値についての実験を行ったとしよう。100人にある絵画の落札値を予測させた。その推定の平均値は5,500万円であった。その後に落札が行われ，実際の落札価格が7,400万円であることを告げたあとに，当初予想していた価格を再度聞いたところ，その平均値は6,300万円にまで上昇した。つまり，結果を知ったあとになって，回答した人たちは自分がより正解に近い予測をしていたと勘違いをした。

　もうちょっと身近な例を出してみよう。不動産屋で住宅を探している時，不動産屋の人があなたが欲しいと思っていたものに近い物件を持ってきたとしよう。だが，少し高い。本来ならば，飛びついて買いたいところだが，「待てよ。次にもっと良い物件が出るような気がする」とふと感じることはないだろうか。迷った挙げ句，あなたは不動産屋の持ってきた，希望に近い物件を購入したとする。そして，印鑑を押して契約した。ところが，次週の不動産の情報を見ると，それを見たあなたはびっくり。何と，あなたが欲しかった希望通りの物件が「新しい物件」の欄に出ているではないか。「やっぱり出たか。じつはわかっていた」などとあなたは感じるだろう。これが後知恵バイアスである。なぜなら，いくらあなたが「そんな感じがする」と思っていても，結果は実際に物件が目の前に出るまでわかるはずもない。もしも本当にわかって

いたならば，先週のタイミングで不動産屋のもって来た物件を契約する道理もない。

資産価値が上がるという投機的な期待も持ちながら購入した自宅の価格が下がった際，「何となく嫌な予感がしていた」というように，結果がわかってから感じる。これは価格に関しての後知恵バイアスである。また，一生懸命に考えを練ったうえで起業した友人が事業に失敗した際に「この企画には無理があったと思っていたんだ」というように，さも最初から結果がわかっていたように意見を言う。どれも思い当たる節があるのではないか。

この他にも，実際には株を購入しそこなった際，株価が大幅に上昇した銘柄を見て「こうなると思っていた」と，さも予測していたと錯覚する。

この後知恵バイアスは世の中のさまざまなところに影響している。政府のある政策が失敗した時に「思ったとおりだ」「こうなることはわかっていた」と，さも予測していたことを高らかにPRする人は少なくない。テレビのコメンテーターが顕著な例である。彼らが得意げに話し，それを見ているわれわれもその気になってしまうのが不思議なところであり，怖いところである。人は自分自身の能力を高く見積もりたい願望がある。コメンテーターたちも，自分たちの能力を高く見せたいという潜在的な思いが出るのであろう。後知恵バイアスとは自身の認知能力が，未来にまで及んでいたと錯覚する例である。

また，過去において未来予想が的中した例が多くなればなるほど，その人の後知恵バイアスは強くなる傾向がある。「私の勘はよく当たる」というのが，まさにそれである。もっとも未来を予測することは不可能ではない。事実，理論（直感を含める）によって未来を予測し，それが的中することもある。ただ，人は結果が出たあとに，さも事前にわかって

いたかのように錯覚する性質を持っている。前述のテレビのコメンテーターたちの例では，そのような人たちの意見にあなたが耳を傾ける際，それがどの程度，後知恵バイアスに影響を受けたものであるかも吟味する必要があるかもしれない。また，自分自身も後知恵バイアスに影響を受けている存在であることを忘れてはならない。

◉──── ①地域活性化の例

きっときれいだろうとは思っているけれど，そんなには期待していなかった。いざ見て見るとものすごくきれいだった。やはり思ったとおりだった。こんな心のプロセスで，景観を味わったことはないであろうか。

この典型が，北海道浦幌町の夜空の星である。浦幌町のうらほろ森林公園にキャンプ場がある。キャンプができたりコテージに泊まれる。本土からここに若者たちが訪れる。筆者のゼミの学生たちも何回か行ったことがある。夜空がきれいだということは伝えているのだが，その時学生たちは生返事。しかし，実際行ってみると見事な星空で，地べたに寝そべってみてしまうほどだそうだ（キャンプ場なので安全。念のため）。しかもその澄み切った夜空は時間を忘れさせるほどすばらしいとのこと。満天の星空とはこのことである。

その夜空を満喫したあとは，ゼミの学生たちは「思ったとおりだった」と口々に言う。まさに見てみないと本物の良さはわからなかったのであろう。実際に見た時の素晴らしさの衝撃が，あたかも自分たちが事前にそれを予想していたという錯覚を生んだ。あとから「最初に思ったとおりだった」と思い込むのは各自の心の中に感動が刻まれた証拠である。地域活性化にとってありがたいことである。

　観光客に対して，最初は期待していなかったのに，来てみたら思った以上に楽しかった。「やっぱり思ったとおりだった」と思わせるようにすればよい。今例に挙げた浦幌町の星空は一例である。見たことがなかったもの，経験したことのないものは，もちろん「すごいであろう」と期待していく。過去に体験したことがなければ本当のすごさは事前にはわからない。本物を見て，そして経験して「思ったとおりだった」と思ったことは読者の方々にも経験があるであろう。いかにも観光客が体験した素晴らしさは「事前に思った通りだった」という状況を演出する。何が何でも地域の素晴らしさを押し付けるのではなく，観光客が自分の心の中で感動を決着させるようにする。これも地域の観光客への心遣いとなる。こうした後知恵バイアスで人々の心の中に刻み込まれるような経験をしてもらうのは地域活性化を呼び起こすひとつの方法になるであろう。

4　ヒューリスティックから派生する効果　「代表制」

　ヒューリスティックのひとつである代表制とは，一部だけを見て全体を判断してしまう思い込みである。つまり，一部を「代表」と思い込み，それをもって全体もそうだと思ってしまうことである。さまざまな情報があるにもかかわらず，そのうちのひとつの情報を代表として受け取り，それで自分の考えを特徴づけてしまうということである。これは直感による思い込みを優先させてしまうため，論理的な考えを無視してしまう

ことでもある。

　さまざまな経験をして，そしてさまざまな情報を蓄積して人は人生経験を積むたびに賢くなっていく。その半面，人はある種の固定観念や思い込みを形成してしまう。例えば，企業の社長と聞くとお金持ちを連想するし，官僚と聞くとお堅い性格を想像するのではないだろうか。一昔前の2000年頃，次のようなクイズが流行ったことがあり，実際に解けない人が多かったという。

　ある女の子は小さい頃にお父さんを亡くしてしまい，お母さんと 2 人暮らし。女の子は学校で体調不良になり，急きょ病院で受診することになった。病院で，お医者さんと対面して，女の子はびっくり。何と知っている人だったのである。お医者さんも驚き「この子は私の娘だ」と言った。果たして，お医者さんは何者だったのだろうか？

　この問題を聞いて少しでも迷ってしまった人は，代表制ヒューリスティックに陥っている。よく問題を読み返して欲しい。お医者さんは単に女の子のお母さんだったのである。当時，お医者さんというと男性が一般的であったために，クイズにまでなったほどだ。「お医者さんは男性」という情報が代表してしまい，正確さを欠いた判断をさせた。
　一部の認識が代表してしまっている例は，大学生の就職活動にも見られる。学生の就職先は，大手企業が人気である。「大手企業ならば業績がしっかりしている」「大手企業ならば将来も安心」という代表した認識がある。皆さんもこの認識を持っているであろう。しかし，戦後から見ると，経済の状況変化で，安定性を欠いたり，吸収合併されたり，倒産したりと，大手企業も散々な足取りを歩んでいる。大手な

らばよいという学生たちの代表的な捉え方が彼らの就職活動に表れている。

◉─────①地域活性化の例

　福岡県大牟田市はかつて炭鉱で栄えた町である。現在は九州新幹線の駅もあり，ある程度の繁栄はあるが，大型ショッピングセンターの設立のおかげで既存商店（商店街）の経営は苦しくなっている。その大牟田駅のそばに新栄町商店街が存在する。ここで筆者のゼミナールは地域活性化研究を行った。商店街の組合や市役所と交流しつつ，古着販売という企画を開催する運びになった（販売日：2009年12月4日）。2009年の当時，東京では古着がある種のブームを迎えていた。古着を販売する場所は商店街の一角にある空き店舗である。商店街の組合が事務所として利用していた敷地を1日限定で貸与を受けた[図4-1]。

　当時の研究を2021年の現在になって振り返ると，とても画期的と感じる。「この地域で洋服を購入したがる若者はいない」と誰しもが認識していた地域である。「需要などあるはずもない」と多くの人が思う，そんな中で，若い人用の古着を販売するという企画であった。研究意図は，潜在的な消費者がいないと思われる地域で，需要のないと言われている都内の流行を持ち込んだ場合，地域はどのような活況を見せるかであった。この代表制ヒューリスティックの具体例を説明する機会を利用して，短文ながら当時を説明したい。

　1日限定で古着を販売するとはいえ，手元に大量の古着があるわけではない。たった1日とはいえ，店舗を借りて販売するとなるとそれ

なりの量が必要になる。学生らは大学内の知人に呼び掛け，着なくなった洋服の提供を求めた。そして，結果として約500着の商品を用意することができた。

　東京の真ん中にある明治大学は「オシャレな学生が多い」という代表制ヒューリスティックを持たれていた。当時芸能人やモデルも学生として在籍していたため，そのようなイメージを持たれていた。それと同時に，明治大学在籍の学生らもそのような代表制ヒューリスティックを受けて，オシャレになろうと努力していた。また，集まった約500着の古着は，1990年代の古着（ボロボロで穴が開いたような洋服）とは違い，十分に着て歩けるほど綺麗なものであった。理由は単純である。オシャレを目指す人は服を頻繁に購入するため，着ない服も多くある。そして，それらがこの研究時の古着回収で集められたのである。近年，ファストファッション（最先端の流行服をいち早く取り入れ，短いサイクルで再提供する購買スタイル）が確立している。当時，ファストファッションという語は世に普及していなかったが，その概念はすでに芽生えていたと考えられる。

　この頃に代表制ヒューリスティックという用語を認識していた学生らは少なかったであろうが，その概念は理解していた。「明治大学の一部はオシャレだから，明治大学生の古着といえばセンスの良い洋服に聞こえるだろう」という考えを根底に，このイベントのPRを進めていた。また，明治大学にはスポーツ界で実績を残す学生もいる。例えば，この時期に柔道で日本代表に選ばれていた鈴木雅典氏から古着の提供を受け，写真とともに目立つよう商品陳列した。

　販売日の当日，販売店の前は大勢の人で賑わい，開店と同時に人が入口へとなだれ込んだ。イベントとしては50〜100人程度が集客できればよいと考えて企画したが，結果として3,000人を優に超える来客

［図11］明治大学商学部水野勝之ゼミナールでは、新栄町商店街（福岡県大牟田市）における地域活性化研究の一環として古着を販売した

明治大学商学部所蔵

になった。当初予定していた閉店時間を大幅に早め，開店わずか4時間程度で完売に至った。イベントとしては大成功であった。

　来客した人から感想を聞いたところ，多くの人が「東京の若者なら，ある程度の商品を期待できる」「古着は新品より安く購入できる。それに都内で流行っているし，古着でいい」などと回答した。明治大学の学生は東京に住んでいてオシャレであるという代表制ヒューリスティックが機能していた。実際のところ，明治大学に通っている学生は，東京近郊地域（千葉県，埼玉県，茨城県，神奈川県など）出身者が多くを占め，

東京出身というわけではない。ただし，明治大学が東京都内にあることは周知のため，「明治大学の学生＝東京出身」というイメージを持たれたのであろう。明治大学という名前が代表して，東京のファッションと思い込まれた。「明治大学＝東京」という代表制ヒューリスティックも上手に機能したと言える。

　もう少し当時の様子を話すと，当初この企画は成功すると思われていなかった。商店街に人通りはなく，近隣に洋服屋はあるものの人の出入りは疎らであった。「この商店街に人はいない」「皆，洋服を買うためには都会に出るから実施しても無駄」「ましてや，古着など誰が買いたいと思うだろうか」という意見が飛び交っていた。これらの判断の一つひとつも代表制ヒューリスティックの影響を受けていたとも言える。「古着＝汚い＝誰も買いたくない」「大型ショッピングセンターができたせいで商店街に人が歩いていない＝どのような企画をしても無駄」という観念が先に立っていたからである。

　この古着販売の成功は，「この地域に洋服を欲しがる若い消費者はいない」という一部の光景だけをみて判断した，過去の代表制ヒューリスティックを変換させたと言える。「この地域にも潜在的な洋服の消費者はいる」という視点で考えれば，地域活性化につながる糸口を見つけられる。

　乱暴な言い方をすると，代表制ヒューリスティックとは一部だけを見て早合点してしまった思い込みである。もっと判断に慎重になるべきである。また，これら事業は統計データを観察するのみでは判断ができないことも知るべきである。人が減ってきたから地域が廃れたと結び付けるのではなく，人が減った理由を複合的に考えることが重要である。そして，仮説を立てたら試験的に実行してみるのがよい。この

研究では，わずか1日の試験（古着販売）で潜在的な消費者がいることを明らかにした。地域活性化を目指すのであれば，試験的なチャレンジを重ねることが重要になってくるであろう。

● ②地域活性化の指針

　地域では，「自分たちの魅力はこれだ」と思い込んでいるのかもしれない。他者から見れば，その地域にはもっと違う魅力があるにもかかわらず，ひとつのことについてそれが魅力だと地域全体が思い込んでしまっている傾向がある。これは地域自身がとらわれている代表制ヒューリスティックである。本書でも触れている，群馬県草津町の湯畑について，当初人々は駐車場が近いのが魅力と思い込んでいた。新たな町長が登場し，駐車場を遠ざけたら，逆に観光客が増え，町中が活性化されたという好例があった。この草津町のように自分たちの地域の良さを誤信してしまっているケースがある。代表制ヒューリスティックを打破した町長の存在が功を奏したが，そもそも地域の人たち全員が間違った代表制の思い込みから脱却する必要がある。

5　ヒューリスティックから派生する効果　「ギャンブラーの誤謬」

● ①「基準率の無視」と「ギャンブラーの誤謬」　1

　代表制ヒューリスティックから派生して「ギャンブラーの誤謬」と言われる現象がある。簡単に言えば，人は，異常の状態をさも普通と誤認してしまうということである。「基準率の無視」とも言う。

例えば，あなたがラスベガスのギャンブル場に行ってルーレットで赤が出るか黒が出るかに賭けたとしよう。赤が出るのも黒が出るのも2分の1の確率である。3回連続して赤が出たとする。さて，次は赤が出るか黒がでるか，と聞かれ，今度こそ黒だと思い，黒に賭けたくなる。赤が4回連続で出る確率は16分の1であり，そうそう起こらないと思うからだ。しかし，次に黒が出る確率，赤が出る確率は2分の1であり，どちらも等しい。これが基準率である。本来の確率が2分の1であるにもかかわらず，確率(16分の1)が強く印象づいている。これは代表制ヒューリスティックのひとつとされている。

　ルーレットの赤と黒の出る確率は，ルーレットを無限に行うほど2分の1に近づく。このように少数では偏っていても，大数になるにつれ平均的な値になることを「大数の法則」と言う。しかし，代表制ヒューリスティックによると，しばしば「少数の法則」という逆の発想が生じる。これは，客観的に見れば「大数の法則」が成立しているにもかかわらず，ある特定の印象が強いために少数の出来事が，さも多く出現する出来事に思えてしまうのである。

　例えば，高額宝くじに当たった売り場は噂になりやすく，一度話に聞いただけでも印象に残る。そのため，当たった人はごく一握りにもかかわらず，意外と多くの人が当選しているかのような錯覚を受ける。その宝くじ売り場には行列ができるほどお客さんが並ぶ。当たる確率は全国どこの売り場も本当は同じ，しかも超高額宝くじに当たるのは，雷に打たれるよりも確率が低いにもかかわらず並んでいる。これを「基準率を無視した思い込み」という。

平均への回帰という現象がある。例えば，いつも運転をしている通りに信号があり，その赤信号の点灯時間が長い。ある時運転していて，目の前の赤信号がちょうど青になったとしたら今日は運がよいと思うであろう。その日一日，何か良いことがあるのではないかと思うかもしれない。逆に，青信号だったのが目先で黄色信号に変わり，赤信号を最初から最後まで待つことになったら気分が悪くなるであろう。ついていないの一言である。その日は一日ついていない気分になるかもしれない。しかし，読者の立場の第三者からみれば，滑稽なことである。毎日通る信号なのだから，ある時は青になったばかりでスピードも緩めず気持ちよく通れる時もあれば，ちょうど赤信号に変わって止まらなければならない時もある。さまざまであり，長い目で見れば信号での停車時間は平均化されるのである。大数の法則にしたがえば平均値に落ち着く。それにもかかわらず，ついている，ついていないとその都度思ってしまうのは，まさに「ギャンブラーの誤謬」であるといえよう。

●────── ③ 「平均への回帰」の無視，「基準率の無視」の他の例

a. 過大評価

上司は部下を褒めたり叱ったりする。よい営業成績をおさめたら褒め，悪かったら叱るのがふつうである。

ある学生がある教員に「うまくいかなかった時でも先生が私を褒めてくれたからがんばれたんです。結果を残せたんです」と話したことにより，その教員は「褒めれば学生は良い成績を残す」という思い込みをもってしまった。失敗した学生に対してもいつも褒めていたら，結局学生た

ちの一部の士気は下がってしまった。本来，受験戦争を経験しやる気を持っていた学生たちであるから，平均的な実力は高くそれなりの結果を残す力があったと思われる。だからほめたり叱ったりをうまく使えばそれなりの結果を残せるはずである。しかし，失敗しても褒め続けた結果，逆に，学生の一部は怠惰になってしまった。ひとつの方法がたまたま成功した時に，その方法がつねに成功するとは限らないということである。過大評価である。ひとつの方法に対して過大評価をするのはやめてうまく褒めたり叱ったりを組み合わせた指導をして，大学生の力を引き出すことが重要であった。

b. 過小評価

株価が高騰したので日銀が金利を引き上げた。その後株価が下落したとしよう。すると，日銀の金融政策が成功したと高く評価されるかもしれない。しかし，株価が過熱したのはそのピーク時であって，その後は日銀の政策ではなく，もともと株価が下がることになっていたのかもしれない。この時，経済がそもそも持っている調整力を過小評価してしまうことにつながる。日銀の政策を過大評価し，同時に経済の本来持っている調整力を過小評価したことになる。もしかしたら日銀が何もしなくとも，株価が下がり安定したかもしれない。しかし，多くの人はその可能性を考えなくなる。これが過小評価である。

この①と②の代表制ヒューリスティック，すなわち過去の経験や印象による思い込みはわれわれ皆が大なり小なり持っている。これは仕方のないことである。だが，何か物事を判断する時，それが本当に理論的か，客観的に判断できているかを改めて確認する気持ちを持つこと

は忘れてはならない。

● ─── ④地域活性化の例 1[*7]

　筆者である土居は2014年4月から2017年3月まで北海道弟子屈町に居住していた。ここは観光名所として名高い自治体で，岸惠子主演の映画版『君の名は　第2部』(1953)の舞台にもなっている。世界有数の透明度である摩周湖，世界で2番目に大きなカルデラ湖である屈斜路湖があるだけでなく，川湯温泉，砂湯，摩周温泉，和琴温泉，硫黄山などの観光資源を数多く持つ，非常に稀有な自治体である。

　面積約80 km^{2}の屈斜路湖の周囲には天然の露天風呂が湧き出ており，至る所に絶景の温泉が広がる。温泉と屈斜路湖は隣接しており，足を一歩踏み出すだけで温泉から湖に入ることができる。だが，泳ぐのは止めた方がよいそうだ。平均水深は約28mあり，何より1970年代には未知の生物「クッシー」の目撃説が騒がれている。万が一，遭遇したら命はないようにも思われる。

　摩周湖は，面積約19 km^2，平均水深約140mもあるカルデラ湖である。別名，「霧の摩周湖」と呼ばれるほどに，霧がかかることが多く，なかなか湖面の姿を見せてくれない。しかし，一度，湖面を映したならば，その美しさに目を奪われるであろう。摩周湖は水深と透明度の高さから青色以外の光を反射させにくく，湖面は「摩周ブルー」と呼ばれるほど青く澄む［図4-2］。是非，一生に一度は弟子屈町に足を運んでいただきたい。

　摩周湖の湖面を見られる確率は約62％である。弟子屈町の観光サイト「弟子屈なび」(https://www.masyuko.or.jp)によると，2008年から

［図4-2］摩周湖（北海道弟子屈町）

写真：土居拓務

2018年までの平均で摩周湖が一日中見える日は137日，時々しか見えない日，またはまったく見えない日は83日である。

さて，当時は「来月，摩周湖を見に行きたいのだけれど，湖面は見られるかな」と質問を受けた。「何日間，こっちにいるのか」と聞き返すと，通りすがりに寄るために1日の人が多く，ごく稀に，2日間，3日間ほど近所に滞在する人もいた。

確率論からすると答えは簡単だ。1日だけいる人が見られる確率は約60％である。もし2日間滞在しても見られないということは，それは見られない確率40％（＝100％−60％）が2回も連続で続くという珍しい事態である。確率40％が2回続いたのであるから，40％×40％の約15％しか見られないという事態はなかなか起こらない。つまり，約85％（＝100％−15％）の確率で摩周湖が見られることになる。さらに言えば，3日間とも見られないという現象は，確率40％が3回連続で起こることを意味し，約6％(＝40％×40％×40％)でしか起こらない。つまり，3日間滞在すれば94％（＝100％−6％）の確立で摩周湖の湖面を見られるのである。

そのため，「もし2日間滞在すれば85％，3日間滞在すれば94％は見られるよ」とよく回答した。当時，この答えに曖昧さを覚えた人もいたかもしれないが，じつは確率論に基づいた回答だったのである。

しかし，不運な人はいた。かれこれ4回以上も摩周湖を観光してい

86

るが，一度も湖面を見たことがないと言う。その人は「君の言う摩周湖の湖面を見られる確率が正しければ，次に行く時は，ほぼ100％見られるということになるが，違うのかな？」と言った。これは確率に対してのまったくの誤解であって，摩周湖の湖面が見られる確率は変わらずに60％なのである。まさに彼の言葉はギャンブラーの誤謬である。

「簡単には見られない」という皆の思いが摩周湖の希少性を増させている。希少であればあるほど価値が高くなる。このことが摩周湖という湖をより一層神秘的にして，全国から観光客を集めている。

◉─────⑤地域活性化の例2

日本でもIRのカジノの誘致が進められようとしている。パチンコ屋もそうだが，カジノも結局胴元の企業が儲かるようになっている。そうでないと商売が成り立たない。まさに，お客のギャンブラーの誤謬をうまく利用している。

儲かるかもしれない，損が続いたのだからもう1回やれば儲かるかもしれない，今日はついている，儲かった，お客はいろいろ期待する。しかし，パチンコ屋もカジノも結局は胴元企業が儲かるようにできているのだから，大半のお客は儲かるはずがない。儲かるつもりでギャンブルを行うが，大数の法則に従い，損をするようにできている。そうしなければギャンブル企業が成り立たない。公営の競馬，競輪，競艇などにしても同様である。宝くじも同様である。儲かるように見えて大数の法則にしたがえば，お客が損をするのは容易に計算できる。いずれもギャンブラーの誤謬を生かして利益を上げているということになる。

ただし，大数の法則に従うと，結局お客は損をするが，楽しみ代を

支払ったようなものと解釈して納得する。宝くじにしても夢を見られた。お客は苦い思いをしたとしても，夢を楽しんだのだからそれでよいのかもしれない。

　摩周湖の例を考えると，ギャンブラーの誤謬を活用した観光策にもつなげられる。現実に「次こそは見られるはず」と考え，遠くから旅費をかけて摩周湖を見に来る観光客が存在したからである。また，この「摩周ブルー」の見える確率が60％というのも絶妙かもしれない。もし仮に10％程度であったならば，もはや特別に運が良くないと見られないものとして諦めもつくであろう。確率が50％よりも上であり，見ることができる方が多いにも関わらず，見られないことも多い。この事実が，観光において人々をギャンブラーの誤謬に陥らせる罠なのかもしれない。

　このように地域に人を呼び込む際にはこのギャンブラーの誤謬はひとつの要素となろう。摩周湖やオーロラを見に行ったが見られなかったという経験，残念だけれど，自然現象の確率の問題で仕方なかろう。「よし次回こそ」という気持ちになる。この地域で，こんなに晴れて眺めがいいのは珍しい，ここからはっきり富士山が見えるのは珍しい，こうした言葉をよく聞く。「〇〇が珍しい」と言われるとますます魅力が増す。天候の関係で，運がよかった人，運が悪かった人が生じる。大数の法則を考えれば，人生のトータルでは，よく見えた経験の割合は同じはずであるが，雨男，雨女のように，運や特性で天気が決まってくるように思い込んでしまう。

　北海道弟子屈町の摩周湖を例に説明したが，他の地域でも同じよ

うな例は存在するであろう。例えば，ある一定のタイミングだけ見られる植物や光景もそれに該当するかもしれない。それぞれの事象についての確率を計算して付与してはどうだろう。「70％の確率で，この素晴らしい景色が見られます」「20％の確率でしか，この素晴らしい状況は見られない」などと，その素晴らしい景色の写真と併せて紹介し，人々に内在しているギャンブル欲を刺激するのである。100％見られる景色よりも高貴な感じがしないだろうか。同時に70％であれば見られる可能性の方が高いと感じ，足を運んでみたくならないだろうか。あるいは，20％しか見られないが，是非見たいという気持ちがより一層強まり，お金を掛けてもよいから出かけたいという気持ちにはならないであろうか。このように「確率」も添えて宣伝するという視点で考えると，ギャンブラーの誤謬を地域活性化に活用するヒントとなる。

6　ヒューリスティックから派生する効果　「コミットメント」[*8]

　60歳を過ぎて体の代謝の機能が低下したせいだろうか，筆者は太ってきて痩せない。共著者はまだ30代にもかかわらず痩せない。自分では痩せることを試みようとは考えるのだが，食べ物がおいしい，間食が格別楽しい。これでは痩せるわけがない。そこで，妻に「これから自分は痩せる」という強い意志を宣言すると，妻の目もあり，痩せる行動をとれるようになる。

　これがコミットメントの基本である。コミットメントは，自分ひとりの世界の話でもよいが，通常他の人もいる世界において，将来の自分の行動の実行を宣言することである。つまり，約束することである。他の人に約束してもよいし，自分に約束してもよい。コミットメントは意思決定

が自由に行われた時に発生し，他者からの強制では発生しにくいものである。絶対に実行することを約束してしまうと，自身の行動を守らなければならないこととなる。つまり，自分に責任が生じる。

　例えば，経営している店をきれいにしようとコミットメントすれば，お店をきれいにしていくことが自分に課せられる。ごみを処理したり，汚れをきれいにする。きっと良いお店になるであろう。

　良いことずくめではない。逆作用することもある。仮にそれが間違った選択だったとしたらどうであろうか。自分の間違えには気づかずにコミットメントしてしまう。すると，間違えのコミットメントに都合のよい情報を選択して集めてしまう。コミットメントは責任という面でプラスに作用することもあるが，少ない情報だけに絞って物事を判断してしまうように，意思決定に至る選択の幅を狭めてしまうマイナス面もある。コミットメントをしようとしている消費者は，時にあまりにも視野を狭くしてしまう可能性もある。そのために，実行時に不利な立場に置かれる可能性もある。強いコミットメントは高い効果を生む反面，自身に強い制約を課すことになり，選択の幅を狭めることになる。

　例えば，「お店Aで買ったものは健康的だから購入する」とBさんがコミットメントする。そのお店Aについて，他の人が「お店Aで買ったものを使ってみてあまり効かなかった」と言っても，その情報はすでに自分自身に対してコミットメントを終えたBさんにとって，右から左の耳に抜けてしまう。最初にコミットメントした通り，BさんはAの商品は素晴らしいといって無条件に買ってしまう。「健康」という情報のみを重視して，あとからの情報は選択せず，コミットメント通りの消費行動をとってしまう。だから，お店側にしてみれば，テレビのショッピング番組などで，その商品が効くと消費者に印象づけ信用させることが重要となる。

　親会社は子会社が不振な時，往々にして助ける。その助けがあるがゆえに，子会社には甘えが生じる。だが，親会社が「子会社が不振に陥っても絶対に助けない」と宣言しておけば，子会社は退路を断たれるわけだから，全力で経営に邁進するであろう。親会社のコミットメント（制限の宣言）が子会社を活躍させる原動力になる。

　また，平成の大合併で，市町村の数が1995年の3,238から2010年の1,733に減少した。政府が市町村数を減らすことをコミットメントしたからである。合併特例債なるものを発行し，その返済の70％を政府が肩代わりするというものであった。合併してから15年間この債券を発行できる。財政が厳しい状況にあった市町村は次々に合併していった。

　このコミットメントに従わず取り残された自治体もあった。北海道夕張市は財政再建団体（2010年以降財政再生団体）に指定され，国の管理下に置かれ，「予算編成にしても国の同意を得なければ，新たな予算を計上することも独自の事業を実施することもできない」という状況になってしまった。

◉─────②時間を考えた場合のコミットメント

　「今の100万円と1年後の100万円，どちらが価値がある？」と聞かれたらどう答えるであろうか。じつは両者の価値は違う。金利が5％の時，今の100万円を銀行に預けておけば，100×（1＋0.05）で105万円となる。今の100万円の方が1年後の100万円より価値が大きい。この計

算が正確なのだが，人は今の100万円を金利の5％以上に過大評価する傾向がある。

　政府によれば将来高齢になった時2,000万円必要なのだそうだが，入ってきたお金はすぐ使いたくなってしまう。そういう人も多かろう。現在のお金が現在の人生を大いに楽しませてくれるからだ。しかし，今楽しんでおくよりも，じつは老後の資金の方が大切だ。アリとキリギリスではないが，そうは思いつつも，老後を過小評価して現在の生活を過大評価し，利那的になりがちだ。その場合，「自分は積立貯金をする」とコミットメントし実行すれば，給与から否応なくその分は引かれる。そして貯蓄される。コミットメントし職場や銀行の助けを借りて浪費を制限し，老後の資金が貯められる。コミットメントで自分の利那的な行動を縛ることができる。

◉───── ③地域活性化の例1
北海道浦幌町の「うらほろスタイル教育プロジェクト」

　74頁で紹介した浦幌町は，十勝地方で帯広よりも東に位置し，太平洋に面している町である。農業，漁業が盛んである。この町の政策として中学生の提案を大人たちが実現するという政策がある。「うらほろスタイル教育プロジェクト」という町を挙げての政策である。

　中学校の総合学習の中で子どもたちが「想いと願い」をもって提案した企画を大人たちの手で実現させるというものである。大人と違って，子どもたちはしがらみや固定概念にとらわれない。その子どもたちの提案は，大人たちが普段見落としている地域資源に気づかせたり，地域の課題を直感的に発見させたりと，今後の地域発展へ通じる可能

性があるもの である。

　町が子どもたちの企画を町をあげて実現するとコミットメントすることで，市民が中学生の提案を実現させようと協力する。中学生の提案であっても町が「やりきる」と宣言しているのだから大人たちもやる気が出る。これで実現したものをいくつか紹介しよう。

　浦幌町には，毎年秋に実施する「みのり祭り」というイベントがある。周辺からも多くの人が集まる大々的なイベントである。中学生たちは，自分たちの経験から，お祭りの最中に子どもたちの居場所がないことを感じていた。中学生たちは，アイデアとして子どもの遊び場となるような遊具を設置してはどうかと提案した。この企画に観光協会が賛同し，許可を出した。みのり祭りに設置する遊具としては，ふわふわドーム（エアートランポリン）が選ばれた。このふわふわドームは，それまでは町外から借りていたものであったが，これを機会に町で購入することとなった。こうして購入されたふわふわドームは，浦幌町での公募により，「ウラッピー」と名づけられた。「ウラッピー」を購入することによって，それまでなかった「みどり祭り」での子どもの居場所が作られた。そのうえ，それ以前は借りていたふわふわドームを逆に他の市町村に貸し出すことにより新たな収入源となった。

　また，町のイメージキャラクター「うらは」と「ほろま」についてもやはり中学生たちの提案であった。町のキャラクターを，近年流行している「ゆるキャラ」のようにかわいいものにし，シール化したらどうかということを提案した。この「うらは」と「ほろま」とは，町の鳥であるアオサギをモチーフにした2匹のキャラクターであった。名前の由来は「うらほろ」の「うら」と「ハマナス」の「は」をとって「うらは」，「うらほろ」の「ほろ」と「ナナカマド」の「ま」をとって「ほろま」だそうである。うらはがメスで，町の花であ

るハマナスを頭に飾っており，ほろまがオスで，町の木であるナナカマド
の実をくわえている。中学生の提案通り，このキャラクターを載せたシー
ルが個数限定で作成された。そこで役場ではこれを町のグッズとして
道の駅などで売り出していくこととした。このキャラクターは浦幌町の
人々に受け入れられ，今では町のキャラクターとして定着している。

　この「うらほろスタイル教育プロジェクト」では，これらの成功を皮切り
に，大人たちが中学生の提案をどんどん実現させてきた。中学生たち
にとっても自分たちの企画が実現するので責任感を持つようになった
し，地域にとっても市民が連携して地域を活性化する機会となった。
「中学生のアイデアを実現させる」という町の政策がコミットメントとなっ
た。地域を挙げての成功例だったといえよう。

● ――――④地域活性化の例2　愛のコミットメント――嬬恋村

　年に1回「キャベツ畑の中心で愛を叫ぶ」というイベントが群馬県嬬
恋村で開催されている。2006年から嬬恋村の別荘地に住んでいる方
が中心となり始まったイベントである。当初は実際のキャベツ畑の中心
に集まって行っていたが，盛況となり，愛妻の丘という高台とその上に
愛の叫び台が建設された。

　名前の通り，「愛を叫ぶ」イベントである。原則としてひとりずつ叫び
台に上がり，好きな人に「好きだ」というように好意を寄せる言葉で愛
を叫ぶというものである［**図4-3**］。年々参加者が増えている。筆者のゼ
ミナールではこのイベントのお手伝いをした。写真を撮って渡したり，
参加証を渡したりと学生たちが協力していた。このイベントでは，実際
に，その台の上からプロポーズを行い，結婚に至ったカップルが複数

[図4-0] 「イベント｜キャベツ畑の中心で愛を叫ぶ」（群馬県嬬恋村）にて明治大学生が愛を叫ぶ

明治大学商学部所蔵

いる。実績の伴ったイベントである。

このイベントこそ，究極のコミットメントである。相手を目の前にして，またはいないとしても衆目の中で，「愛している」と叫ぶのは，自分に対してあとに引けない，まさにコミットメントに他ならない。一度皆の前で自分の気持ちを話したのであるから，その言葉に責任を持たなければならなくなる。

このようにコミットメントを参加者に強要するイベントは珍しい。しかし，生涯結婚率が低下し，離婚率が上昇している今，愛のコミットメントの意義は高まっている。その意味で，このイベントが重要となっている。

●────⑤地域活性化の指針[*10]

自分がコミットメントした地というのは思い入れができる。嬬恋村の愛を叫ぶイベントでは，自分だけでなく相手にも，そして聞いていた人たちにも責任が生じる。このイベントの売りは，コミットメントを中心に置いたことである。

訪問観光客が，追従型ではなく，コミットメントの主体になるような仕組みは面白い。秋田県秋田市でも，夢を叫ぶコンテストが行われている。草原から思いを叫ぶ名物イベントが大分県由布市で開かれて

いる。このように自分だけの思いを皆の前で叫ぶイベントは全国で開かれている。

　叫ぶだけでなく，書いてくるのもよい。ある一定の箇所に自分の思いを書き込んでくる作業でもよかろう。他の地で，あるいは自分の住む地でコミットメントをする仕組を作れば，その当人はその地への思い入れが深くなるであろう。地方だったら観光のリピーターにもなろう。コミットメントを活用した地域活性化の方法である。

7　ヒューリスティックから派生する効果　「ピークエンドの法則」

　人は生活していれば，楽しいことや苦しい出来事を何回も経験するであろう。出来事の楽しさや苦しさの度合いはどのように測られているのか。度合いを数量化した平均か？　否，楽しかった度合いや苦しかった度合いは，その出来事のピークの時の大きさか，または終了の時（エンド）の大きさであると考えられている。つまり，ピーク時と終わりが良い物事は良い記憶として，悪いことは悪い記憶として認識される。多くの人は，楽しみの絶頂（ピーク）とその出来事の終わり（エンド）を鮮明に思い出すとされる。本来ならピークまでの間やピークとエンドの間にもさまざまな感情があったはずなのに，その間受けた印象よりも，ピークとエンドで受けた印象の方がずっと強くなり，途中の印象は薄くなってしまう。これがピークエンドの法則と言われるものである。

　ビールの最初の一口がおいしければ，その時がピークであり，その時の楽しさが印象に残る度合いとなる。フルコースで言えば，メインディッシュがおいしかったら「また行こう」と思うが，前菜はおいしいもののメインディッシュがおいしくなければ，ピークのはずが台無しにな

るので,「また行こう」という気持ちにならないであろう。

　ある極寒の国に旅行して, 最初から最後まで寒いと「もう行くのはや
めよう」と思うが, 最後の日だけポカポカと暖かければ,「また行ってもよ
い」という気持ちになる。エンドの印象が, 全体の寒さを和らげたので
ある。

●────①地域活性化の例

　最近, 地方の過疎化が全国的に問題になっている。地方の中でも,
その地域で特別に良い体験をした人たちがそのまま住み続けているの
が成功と言われている。特に生まれ故郷の田舎でピークを経験しな
かった人は, 生まれた土地への愛着も少なく, そそくさとヒトやモノが溢
れる都会に出てしまう。都会の方が仕事も多く便利なだけに, 人が地
方から都会に移動して起こる過疎化の問題は文化だけでなく心理的
な部分もあり, 根深い。最近になり関係人口という概念が生まれた。
従来の人口が定住人口であり, それに加えて, 観光に来る人を交流
人口, 頻繁にその地域を訪れたり, 何かしらのルーツがある人を関係
人口と定義した。地域的ステイクホルダーと呼んでもよかろう。この交
流人口や関係人口を増やすためには, いかに地方での経験や体験を
印象づけるかが鍵になってくる。

　旅には, 準備の楽しみ, 実際に行った楽しみ, 帰ってきてからの楽
しみがある。実際の楽しみがピーク, そして帰ってきてからの思い出話
がエンドとして考えてみよう。

　かつて, 筆者のゼミ生（当時の土居ら）が前述の群馬県嬬恋村で小学
生を対象にキャンプを行ったことがある。あまり知られていないが, 嬬

恋村では縄文式遺跡も見つかっている。その遺跡にちなんで，嬬恋村にある笹見平の公園に縄文式住居を3棟建設して開放していた。そこに東京近郊から大学生が小学生たちを連れて行き2泊3日のキャンプを行った。もちろん寝泊まりするのはその竪穴式の住居であった。大学生10名と小学生30名，そしてボーイスカウト指導歴のある関係者1名が参加した。

　縄文式の建物に泊まりながら縄文の勉強を兼ねた。大学生が小学生の生活指導をし，かつ縄文時代について教えた。その大学生たちをボーイスカウトの関係者が指導するかたちだった。このキャンプの山場（ピーク）といったら，やはり縄文生活体験とキャンプファイアーだ。縄文生活の場の広い公園で，キャンプファイアーの場所も十分確保されていた。そこを使って，縄文人と同様に自炊した食事を食べながらのキャンプファイアーを行った。縄文時代生活と，皆で憩うキャンプファイアーは一生の思い出になったことだろう。小学生にとっても，もちろん大学生にとっても。

　このキャンプは嬬恋村の方々のサポートも受けていた。ピークの一環としてキャベツ収穫体験やジャガイモ収穫体験を行った。縄文人として自分で食料を調達するのだ(?)。自分で収穫したキャベツやジャガイモは自宅に持ち帰ることができた。エンドはキャンプのお別れの時かというとそうではない。それを家に持ち帰った時，子どもが大きなキャベツを持って帰ってきたと親は大喜び。物質的なキャベツに喜んだというよりは，そのキャベツを通して子どもたちが今回のキャンプをどんなに楽しんだか目に浮かんだことに喜びを感じたのであろう。エンドは，「土産話」を持って帰っての家族の笑顔であった。

　このピークエンドを通しての後日談がある。このキャンプに参加した

小学生が，これを主催したわれわれの学部に入学してきた。うれしいことであった。

◉────②**地域活性化の指針**

　ピークエンドの法則におけるピークには，特に時間的な制限はないとされる。満足するような出来事が，最後の他に，途中にもうひとつ，エンドを合わせて合計2つあれば，人はそれを基準に満足度を評価する。

　ここで，最近注目を集めている農村における体験型旅行を例にとってみよう。これまでは物見遊山型の観光が主流だったが，近年になり，観光者が観光地ならではの体験を求めるニーズが増してきた。そのため，これまであまり観光地とされてこなかった場所が，新たに体験型観光地として注目される例が生まれている。地域を観光地化することは，外の観光者から資金が流入するだけでなく，それに刺激されて地域内の経済循環を生む。特に最近は（＝コロナ禍前の）インバウンドのように海外からの観光者が増加している。また，海外の観光者は農村での体験型観光を好む傾向があることも知られている。現在，それぞれの地域が，その地域の特色を生かして観光地化する絶好の機会と言えよう。

　日本国内の多くの農村は体験型の観光地として確立できる可能性があると考える。「うちの町には何もないから，観光者を楽しませられない」と思う人は，このピークエンドの法則を思い出してほしい。参加者を満足させるコンテンツが多いに越したことはないが，その数が問題ではないことにも気づいてほしい。人はピーク時点とエンドの2つを基準に満足度を評価する。つまり，参加者が満足するであろうコンテンツを2つ

だけ準備すればいいのである。コンテンツとしては，例えば，牧場での乳搾り，農園での果物狩り，山登りなどのアウトドア，蕎麦打ち体験，農業体験，伝統工芸品作りや酒蔵巡りなどのインドアがある。地域独自のコンテンツを新たに生み出すこともできる。もしも本当に何もない地域だとしたら「何もない2泊3日」などもコンテンツのひとつとして売り出せばいい話である。前述のように「ゼロ」は武器となる。人の数だけニーズはある。勇気を出して打ち出すことが，まず大事であろう。

　むしろ，コンテンツの少ない地域の方が観光者を満足させるかもしれない。コンテンツが多いと幅広いニーズの観光者を呼び込むことができるが（＝種類が多くて逆に観光客が決定できないことを決定回避という），重要なのは数ではなく，そのコンテンツに対する満足の大きさだということを繰り返したい。（複数のコンテンツをひとつにまとめ，満足度の高いコンテンツとして提供する方法もあるため一概には言えないが）大切なことはコンテンツの数ではなく質である。中途半端なコンテンツを大量に詰め込むよりも，洗練されたコンテンツを2つだけ準備し，観光の途中（ピーク）と終わり（エンド）に持ってくる方が効果的なのである。

　地域における観光資源は，じつは身近に存在する。改めて見返してみてほしい。そして，ピークエンドの法則を思い出し，体験型観光のコンテンツのひとつとして打ち出すのがいい。「農泊ポータルサイト」[*11]では，さまざまな農泊地域の魅力を発信している。例えば，北海道石狩市においては，昔ながらの田園風景を伝える丘陵地帯にある集落，海や川，山道，山岳地帯など魅力的な自然，明治44年築の農家古民家などを魅力として発信している。まずはピークに体験できることの魅力を伝え観光客を呼び込むことにも力を入れよう。

　行動経済学におけるピークエンドの法則では，人の満足度に影響

を与えるにはタイミング（ピークとエンド）が重要である。同時に，数よりも質が重要である。「終わりよければすべてよし」ではないが，終わりが肝要なことに間違いはなく，途中にひとつ「よし」を持ってくることを忘れてはならない。

● ───── **参考　行動経済学の創始者であるダニエル・カーネマンの実験**[*12]

　ピークエンドの法則はさまざまな実験からも確認されている。行動経済学の創始者であるダニエル・カーネマンは次のような実験を行った。

　被験者を対象に「手を冷たい水の中に浸してもらう」という実験を行った。ここでは，冷たい水に対して感じる苦痛の度合いについての実験だった。2つの実験のうち，ひとつの実験（実験1）は，被験者に手を60秒間冷水に浸してもらい，60秒が終われば手を出してもらうというものである。もうひとつの実験（実験2）は，被験者に手を60秒間浸してもらい，60秒が経ったあと，水温を1度ほど上げ，30秒間温かい水の中で苦痛を和らげるという内容だ。実験2では，60秒足す30秒で合計90秒間も手を冷水に浸し続けることになる。両方の実験後，再びやるとしたら「どちらの実験を受けたいか」と聞かれた際，実際に両実験を行った被験者の8割が，この質問に対して実験2を選択したという。合理的に選択すれば，間違いなく60秒間だけ冷水に手を浸す実験1であろう。時間が短くて済むからである。しかし，多くの人が選択したのはその合理的な答えではなかったことになる。

　意外であろう。この結果は，合理的思考と異なっている。実験2では，冷水に手を浸している途中で水温が1度上がったことで，被験者は苦痛の和らぎを感じたのであろう。苦痛の絶頂（ピーク）は実験1

も実験2もおそらく60秒経ったところであり，同様であったであろう。しかし，終了（エンド）では実験2の方が実験1よりも苦痛が少ない状態であった。そのため，両方の実験を受けた被験者にとっては，実験2の方が，苦痛は小さいと認識された。絶頂（ピーク）と終了（エンド）の印象を比べたら，実験時間に受けていた苦痛は取るに足りない（＝これはちょっと過大表現すぎだが）情報だったのである。

　このピークエンドの法則は，さまざまに応用することができる。例えば，ビジネスの話をする時もピークとエンドに双方に利益のある重要な話をもってくることができれば，その間はピークとエンドにつなげる内容を構成すればよい。相手にとって有益な情報やプランを2つ準備し，それをピークとエンドに配置する。もっとも，ピーク時のタイミングは特にいつだという定義はないので，自分でピーク作りを計画すればよい。自分の言いたいことを，情熱をもって相手に伝えるのがピークであろう。後述の初頭効果と親近効果と矛盾したり重なる面もあるが，それはケースバイケースで，実行者がこれらの効果を念頭に入れて臨機応変に行動すればよい。

8　ヒューリスティックから派生する効果　「後悔回避」[*13]

　後悔回避とは，将来の結果を予測し，嫌な目に合わないよう意思決定を行おうとする心理である。ある判断（前述のコミットメント）が成功した時の喜びと，失敗した時の悲しみを比較した場合，後者の方が大きいと言われる。これはプロスペクト理論の価値関数とも整合的である。

　余計な行動や普段とは違う行動が失敗を招いた場合には，より後悔が大きくなるため，リスク回避的な行動に結びつきやすい。つまり，

この場合は何もしない方をよしとする。行動することによって大きな失敗が見えてくると，その行動をとることを躊躇してしまう。何もしないことの幸せを継続することを選択する。例えば，ビジネスや諸活動において人に頼む時，その人を煩わせてしまうと心配する気持ちが湧くと，そのまま上手くいかなくてもいいという気持ちになってしまう。

　逆に，行動しなかったことにより上手くいかなくなるという予想がなされると，その後悔が先に立ち，進んでリスクのある行動をとることもある。「限定品に弱い」というのもこの後悔回避の行動による。買い物のセールや期間限定品の販売の際などに「今買わなければ損！」と思ってしまう。行動を起こさないと，あとから後悔すると思い，消費者は買いがちになる。お店側としては，消費者に購買意欲を促す有力な方法となる。

◉─────①地域活性化の例1

　地域において，後悔回避で典型的なことは何か新しい商品やら観光地を開発するか否かの決断においてであろう。もちろん開発した方が多くの人を呼び込める。しかし，伝統を壊す恐れがある。

　2014年群馬県の富岡製糸場が世界遺産（ユネスコの文化遺産）に登録された。かつての今井清二郎市長当時に登録への準備を始めた。当時は富岡製糸場への観光客も少なく，富岡製糸場の前の道は朽ち果てていたと言ってもよかった。江戸時代，明治時代の建物が立ち並び，それらが今崩れんとするような街並みだった。その家々を早く壊してしまったらよいという声があちこちから聞こえた。だが，富岡市が頑張っただけでなく群馬県もサポートし，富岡製糸場の世界遺産登録に成功した。今や，数百年前の家々が伝統を醸し出し，世界遺産の富岡製

糸場の町のトーンを作り上げている。訪れた観光客がその雰囲気を味わえている。もし古い家々を整理してしまっていたら今の伝統の街並みの姿はなかった。後悔回避でそれらを壊さなかったことが成功を導いた。

●────②地域活性化の例2

　南米のアマゾンは，開発や火事などによって毎年大規模の森林が消失しているという。日本の場合，長い歴史上で現在が一番森林面積が広くなっているという。戦後の人工的な植樹の結果今それらが成木化したからである。だが，一概にこの事実がほほえましいとは言えないという。じつは，相続しても技術を持たない森林所有者がたくさん生じたり，名義が入り組んでいて誰の所有かもはっきりせずに手入れできない森林が多くあったりという困難な理由も伴っている。こうした理由で，結局開発できなくて多くの森が残されたという事情もある。所有権という問題の前に手が付けられていなかった。

　このように所有権の問題点が大きいから何もしないというのは後悔回避である。現在，森林管理経営法でこの問題点が少しずつ解決されようとしている。森林の手入れができない所有者は市町村に森林の経営管理を委託することができるようになった。そうした森林のうち林業に向いている森は，市町村が林業経営者に経営管理を再委託し，そして林業経営に向かないような森はそのまま市町村が直接管理することになった。いずれにせよ管理ができるようになった。後悔回避で避けられてきた所有権問題解決の第一歩が進んだ。

　後悔回避での地域活性化への活用としては，古い街並みを早々に壊さず，それらを生かしたまちづくりをするということである。どこの町も当然古い建物があったはずである。多くの町はそれを壊して再開発を行った。そのために，古い街並み文化を失った。もし古い町並みが残っているようであったらそれを大切にすることが重要である。街並みだけでなく，古いインフラや建物，そして昔からの自然も大切にする価値があるであろう。後悔回避で先人たちがわれわれの時代に残してくれたものである。それらをうまく生かして地域活性化につなげていきたい。

9　損失回避性と後悔回避性から派生した効果　「気質効果」

　気質効果とは，失敗したにもかかわらずプライドの高さゆえにその失敗を認められないことを指す。

　イソップ物語「キツネと酸っぱいブドウ」から引き出された「酸っぱい葡萄の法則」がある。行動経済学，心理学では重要な概念となっている。キツネが少し高い木にブドウがなっているのを発見した。おいしそうである。一生懸命ジャンプして採ろうとした。しかし，届かなくて採れなかった。「きっと酸っぱくてまずい葡萄だったのさ。食べられなくてよかった」とブドウがまずいことにして自分ができなかったことを正当化した話である。欲するものが欲しかったにもかかわらず手に入らなかった時に，負け惜しみを言うフロイトの防御機能にあたる。異性に振られた時に，相手は見る目がないといって自分を慰める行為である。「今に見ていろ，自分は人生で成功するぞ」という思いになるケースがある。これは気質効果がエネルギーに変換され行動力に変わる。従っ

て，気質効果はうまくいかなくて負け惜しみを言うだけでなく，それを次のエネルギーに変えることにもなる。

　これに対して「甘いレモンの法則」がある。レモンは酸っぱいはずであるのに苦労して手に入れた場合「甘くておいしい」と思い込むことを指す。手に入れたあと，思った通りではなかった場合，無理に「思った通り良いものである」と思い込む心理である。株を購入したら，その会社の株価が下がったとする。しかし，その損失は一時的なものでその会社は成績がよく将来も期待できそうなので株価はまた上がると思い込んで株を売らずに抱えることがある。すると，もっと株価が下がってしまい，大きな損をしてしまう。気質効果は素人が株に手を出して失敗する理由にもなる。

　ビジネスにおいても気質効果を利用できる。「買いたい」と思っている消費者の衝動を正当化させる必要がある。買わなかったら買わなかったことをお客は理由をつけて正当化しかねない。その理由に勝るような理由をお店側が用意して，お客のために納得できる証拠や理屈を伝える事例がこれにあたる。

　気質効果は後述の認知的不協和に相当する。

●────①地域活性化の例

　気質効果は，逆に地域活性を妨げることが多い。気質効果を捨て柔軟に対応することが求められている。近年自然災害も想像していた以上に激しいものとなってきた。かつては，コンクリート関係の公共事業は悪の象徴ともみなされ，ダムなどの建設が見送られたケースが多々あった。だが，大規模な洪水被害が発生したために，ダムの治

水効果が見直されつつある。かつて，熊本の球磨川の上流に川辺川ダムを造る計画があったが，無駄な公共事業とみなされ中止された。だが，2020年の大規模台風は球磨川流域に多大な洪水被害をもたらした。この時熊本県知事はいち早く川辺川ダムの建設を容認した（ただし，滞留型ダムではなく流水型ダムとしてである）。大規模な公共事業を認めたのである。かつてのダム建設反対を前提に気質効果に縛られていたらこうした転換には時間がかかったであろう。地域の活性には気質効果を捻じ曲げる勇気が必要だということを物語っている。

●──── ②地域活性化の指針

　お客は欲しいものを買い逃してしまうと，それを正当化してしまう。そうならないようにするは，お客を逃さないように，商品の魅力を伝える必要がある。地域活性化も同様である。その地域に行こうとしていた観光客が渋滞で行けなかった場合，「渋滞だったから仕方ない」と観光客はあきらめる。現に渋滞だから仕方ない。電車や飛行機が満席だったら，「満席だから仕方ない」と，行けなかったことを正当化して観光客はあきらめる。地域の側としては仕方ないとあきらめさせているばかりではだめである。渋滞や満席を避けることができるような情報を提供すればよい。もしくは渋滞したり満席になる時期以外に人を集める努力をすればよい。少子高齢社会では，平日にも自由に動けるシニアをお客として呼び込む努力をすればよい。あきらめず，来てもらえる魅力を伝えることが重要である。地域は観光客の気質効果に負けない魅力を打ち立てるべきである。

10　ヒューリスティックから派生する効果　「認知的節約と同調行動」

●───────①認知的節約

　自分で考えることを節約して，これまでの経験を基に行動したり他の人の行動にならって行動することを認知的節約と呼ぶ。本来なら自分で熟考して自分の行動を決めなければならないところだが，経験や他人の行動を参考に行動してしまう。これは次の同調行動につながる。

　スーパーマーケットでは，入り口に冷蔵の必要のない野菜や果物を並べ，奥に冷蔵が必要な肉や魚を置いている。消費者は疑いもなく，その順番で買い物をする。必要性の高いものから順番に買った方が無駄遣いをせずに済むのだが，必要性のないものも強制的に見せられ，つい欲しくなって買ってしまう。この場合，2つの認知的節約がある。第1は，店側の決めた順番で，店内を無意識に回る。必要だったものだけの買い物ではなくなる。第2に，皆が買い物の流れを作っているのでそのまま流れに乗る。考えることなく，流れのまま買い物をしていく。これは悪いことではない。流れに皆が乗らないと，店の中が混乱してしまう。認知的節約を利用した店側の工夫であると言ってよい。

　かくして，この認知的節約は売る側がうまく活用して店内の秩序を守ることに利用できる。そして売り上げも増やすこともできよう。

　買い手側にとっては，自分で十分考えての行動ではないので失敗することも多い。今の例で言えば，必要のないものまで買ってしまう。考えることを節約すれば失敗が多くなるのは当たり前である。この点，気を付けなければならない。

●　　一②同調行動

　行列ができていると並んで一緒に買いたくなる。これは同調行動と呼ばれる心理である。みんなが買うから安心できる。根拠はそこである。自分が判断して正しいというよりは,「赤信号みんなで渡れば怖くない」というように（ニューヨークなどに行くとその方が流れに乗ることになる）,他人,それも多数の判断に同調してしまう。まさに前述した認知的節約の一部である。多数に合わせれば怖くないというものである。

　行動経済学では,同じような状況下で同じ行動を人間がとる傾向があると言われている。2020年の新型コロナウイルス禍の際,店先から一斉にトイレットペーパーが消えた。日本ではトイレットペーパーが供給できなくなるというデマが回ったため,皆が行列を作りながらトイレットペーパーを買い,結果として店頭からトイレットペーパーが消えてしまった。

　これは1973年に第1次石油ショックが起こり,店先からトイレットペーパーや洗剤が消えた時の日本人の行動とまったく同じであった。この時は,値上がりを期待するメーカー側の出し惜しみも手伝いパニック状態となった。同じ状況では,コロナ禍でのトイレットペーパーの買い溜めのように世代が変わっても人は同じ行動をとるものである。

　行列を見ると並びたくなる,皆が買っていると自分も買いたくなる。自分の判断ではなく皆の判断に従いたくなる。この同調行動は世代を超えても同様であった。これからも繰り返されるのであろう。

　地方自治体も同調行動をする。例えばゆるキャラ。滋賀県彦根市のひこにゃん,熊本県のくまモンが有名である。ご当地キャラクターが花盛りである。どこの地方自治体も,独自の地域の特徴を生かすようなゆるキャラを作り上げることに精を出した。どこかの自治体で成功す

るとみると，他の自治体も追随した。独自の他のアイデアを考えるより安易に，かつ成功しそうな方策として映る。県レベルだけでなく，市町村レベルでもゆるキャラが登場している。これは同調行動の典型である。個人だけでなく，こうした組織も集団心理で同調行動をとる。

● ─────③習慣化

習慣化は，認知的節約の一部である。これには過去が関係する。過去の成功例が基になって，人はその時と同じような行動を繰り返す。これを行動経済学での習慣化という。考えないで済むし，成功の確率が高いと思うのであろう。

政府や日銀は景気が悪くなると，公共事業を行ったり金利を下げたりする。ものすごく優れたコンピュータで，ものすごく優れた経済モデルで計算しているように見えるし，実際そうなのかもしれないが，ひとつ覚えのように，公共事業，金利引き下げに頼ってきた。過去の成功に従って，緊急財政施策を立て公共事業を必ずといってよいほど行う。日銀は，経済の雲行きがおかしいと金利を下げる。理論的に説明はしているものの，見方を変えれば，政府の習慣化に他ならない。過去に成功した政策を引き続き繰り返している。

● ─────④認知的不協和（前述の「気質効果」に相当）

皆さんも，イベントでうまくいかなかったことがあっても，主催者同士で成功だったと評価しあうことがあるのではないだろうか。イベントでも100％失敗するということはない。50％以上成功すれば成功といえ

るか，20％しか成功しなかったら成功とはいえない。しかし，その20％の成功部分だけを取り上げたら，成功だといえる。

このように，悪い情報部分は切り捨てて，良い情報の部分だけを取り上げることを認知的不協和という。例えば，あなたが旅行に行ったとする。HPから自分でホテルを選んだとする。いざそのホテルに行ってみると，汚くて食事も貧弱で嫌な思いをしたとしよう。しかし旅行全体についていえば，HPで段取りした以外のことは楽しかった。そのホテルのことを考えるのをやめ，HPで段取りした旅行は楽しかったと思い込む。なるほど，旅行はホテルだけではなく，景観や出会いなど多々楽しみがあるはずだ。悪い情報は捨て去り，よい情報だけをピックアップし，その旅行を楽しいものだったという思い出とする。人にはこのような傾向がある。

こうした認知的不協和を企業は活用することができる。旅行を希望している人の前に，旅行経験者を連れてきて話をしてもらう。前述のように，旅行経験者は旅行の良い点を取り出して楽しかったと思っているので，これから旅行に行こうとしている人にその楽しかった思い出を話してくれる。商品やサービスを宣伝する際に，実際に購入した人の力を借りることは有力な手法でもある。

● ─────⑤決定回避

どちらかを決断しなければならない，どれかを決定しなければならない。ときに気が重い作業となることがある。Aを選べば甲さんから恨まれる可能性がある，Bを選べば乙さんとの関係が悪化する恐れがある。こんな局面，人生でしょっちゅうである。そのように人間関係を悪化さ

せる可能性がある場合，あるいは，人間関係ではなく，選択後に何らかのリスクが伴うかもしれない場合，決断を躊躇する。いっそ決めなければ一番平和である。問題のある，複雑な事情の選択肢の場合，その中から選択することを避けたくなる。

　このように，決断を回避する選択を行うことを決定回避という。電気製品の量販店に商品を見に行ったものの，逆にたくさんありすぎてどれにしたらよいかわからず，何も買わないで帰ってきてしまうケースもこれにあたる。選択肢のある中で，選ばないという決断をすることである。

　前述のように選択肢が複雑な時，また選択肢が多すぎる時にこの決定回避が起こりやすい。選択肢を決定するという行動をとるよりも，現在の状況のままの方がよいという現状維持バイアスが働く。わざわざ煩わしい思いをするより現在のままの方が平和なわけである。

　例えば旅行会社の場合，消費者にこうした決定回避を避けてもらうためには，選択肢を出したうえでいずれかの選択をさせるように促すナッジ(本書第7章)が必要になる。旅行先を消費者が決めかねている時，今の季節ならばどこどこの花が見頃で，旬のおいしいものがあるとか，旅行会社の方がサジェッションを与えてお客に決断を迫る必要があるであろう。

◉────⑥地域活性化の例

　ある時，ゼミの大学生が千代田区の高齢者センターでシニアの方々を募り，観光バスをチャーターして明治大学の見学と，大学生が運営するふれあい神田市場（八百屋）の見学を行ったことがある。千代田区の高齢者センターに観光バスが迎えに行き，大学生の案内でこの2つの

施設を見学した。最初に大学に行って構内を見学した。そのあと，ふれあい神田市場を見学した。ふれあい神田市場では見学してもらうだけのつもりだったが，参加した皆さんは，そこで野菜をたくさん買った。帰りはまたバスで高齢者センターにお連れしてそこで解散の予定だったので事前にあまりたくさん買わない方がよいということを説明したつもりだった。だが，皆さん，たくさんの野菜を購入した。まさに同調行動であった。さすがに持てないほど買った人については，高齢者センターで解散後，大学生たちが野菜を持って家までお送りした。

●────⑦地域活性化の指針

　みんなが行くから行く，みんながやるからやる，みんなが買うから買う。自分で考えるのを放棄した認知的節約，同調行動である。これは決して間違った行動ではない。失敗しても，みんな失敗したわけだから，「みんながやったから」はその時の自分の慰めにもなる。

　地域側にしても良い体験，良いものを揃えておけば，皆が同調行動で来てくれる，買ってくれる。つまり，そのパターンを作ると，観光客が来てくれる，買い物客が買ってくれる，となる。旅行会社なども旅行パックを作りやすい。地域側としては皆が同調行動をとり，パターンが構築されると，それを基に観光客誘致の方法を考えることができる。

　今流行りの自分で旅を組み立てる方法に対して，認知的節約を活用した地域への呼び込み方法も立派な観光客誘致の方法のひとつである。観光バスに乗って添乗員に従って行けば最初から最後まで考えないで済む。このパターンの旅も捨てがたいものである。そのように考えないで楽しい経験ができる準備をしておくのも，地域活性化のた

めのひとつの方法であろう。パターン化は何も悪いものではない。

註

*1————安住久美子（2018）

*2————真壁昭夫（2010），134〜135頁

*3————友野典男（2006）

*4————真壁昭夫（2010），200〜204頁

*5————真壁昭夫（2010），234〜235頁，友野典男（2011）。ただし，psycho-loホームページ「心理学の世界にコロがりこもう！」（https://psycho-lo.com/cognitive-bias）も参考としたが，現在は閉鎖。

*6————友野典男（2011）

*7————土居拓務（2015）

*8————真壁昭夫（2010），122〜130頁

*9————NHKスペシャル取材班「夕張市破綻から10年『衝撃のその後』若者は去り、税金は上がり…――第2の破綻を避けるために」（2017）https://gendai.ismedia.jp/articles/-/52287（2021年10月25日確認）

*10————「秋田で商店街対抗『綱引き』『夢』を叫ぶコンテストも」（「秋田経済新聞」2019年12月11日）https://akita.keizai.biz/headline/3260/（2021年10月25日確認），「牛喰い絶叫大会｜草原から思いを叫ぶ名物イベント／由布」（『たびらい　大分観光情報』（2019年月11日）https://www.tabirai.net/sightseeing/column/0009183.aspx（2021年10月25日確認）

*11————「農泊ポータルサイト」https://nohaku.net/council/council-3001/（2021年10月25日確認）

*12————「PROL」https://linexat.com/peak-end/（2021年10月25日確認）

*13————真壁昭夫（2010），138〜145頁

第 5 章

派生効果と地域活性化

フレーミング効果

質問の内容は同じなのに，その言い方によって回答が変わってくる。その言い方をフレーム（囲い，枠）と呼び，そのフレームの違いで答え（選択した答え）が異なる効果をフレーミング効果と呼ぶ。

　例えば「まだ」と「あと」の言葉だけで回答者の印象が変わる。筆者は予定の枚数の原稿を書く際，「まだ半分」と思うと気が重くなる。「あと半分」と思うと，一気に書き終えたくなる。この言葉の魔術がフレームであり，それによって気持ちの持ち方が変わってくる。言葉だけに限らない。フレームが与えられるとそれに応じて反応が変わってしまうことを総称してフレーミング効果と言う。

1　フレーミング効果からの派生効果

1　フレーミング効果から派生する効果　「初頭効果と親近効果」[*1]

　言葉の順番だけで，意思決定の答えが変わってしまうことがある。つまり，人はインプットされる順番で，その並びから受ける印象の強さが異なってしまう。特に，最初に得た情報に強い印象を受ける。これを初頭効果という。そして，最後に得た情報に強い印象を受ける。これを親近効果という。

●───①初頭効果
　まず，初頭効果の説明から入ろう。例えば，旅行で以下2つの旅

館を選べるとする。あなたはどちらの旅館に泊まりたいか。

A旅館	料理が抜群に美味しい，接客が丁寧，虫が出る，騒音がする
B旅館	虫が出る，騒音がする，接客が丁寧，料理が抜群に美味しい

　言うまでもなく，あなたが選択するのはA旅館だと思う。ただ，よく見ると，どちらもまったく同じ情報である。人は最初に得た情報に強い影響を受ける。A旅館だと「料理が美味しい」という強い印象，B旅館だと「虫が出る」という強い印象を持つ。そして，順番が後ろになるにつれ，「強さ」が弱まり，想像力も次第に薄れていく。最初に得た初頭効果の印象を変えるには，心理的な葛藤が生じる。よく人に会う時には「第一印象が大事」と言われる。この初頭効果があるので，もっともなことである。

　この効果は，お店に入って最初に見た商品が良いと思った時，その印象が強く，それ以降の商品を見てもあまり魅力を感じなくなる時にもあてはまる。初めに見た商品に魅力を感じると，あとからそれより良い商品が出てきても，最初の印象に引きずられて最初のものを買ってしまう。不動産など，最初に気に入ったものがあると，あとから出てきたものが一長一短に見えてしまう。ただ，そうした買い方によって多くの人があとから後悔しているであろう。

　だから，自己紹介などの時に目立ちたくない人は先を譲り合う。目立ちたくない人にとっては正解である。逆に，目立ちたい人は真っ先に自己紹介をする，真っ先に手を挙げるなど，真っ先を重視すべきである。

●———— ②親近効果

また，これと対になる効果として「親近効果」がある。逆に，最も新しい情報が記憶に強く残りやすいというものだ。映画やテレビのドラマのエンドロールで（主役は当たり前なので最初として）そこに出演した超大物は最後に名前が流れる。親近効果から言うと，最後は超特等席なのである。

客商売のお店は，迎えるのも重要だが，送り出す時はそれ以上に重要である。リピーターが増えるか否かに大きくかかわるからだ。送り出される時，「ありがとうございます」と言われ頭を下げられたら，そのお店に対して強い好印象を持つ。葉書の案内などを出して，そのあともフォローもしてくれたらそのお店により一層強い好感を持つ。あるHPの説明の例として，お土産をもらうと良い印象を受けるというものもあった。接客をする営業においても最後が肝心ということである。

「最後が肝心」という言葉は正しいわけである。別の行動経済学の本を見ると「終わりよければすべてよし」などをこの例として挙げている。行動経済学で言われるまでもなく，最後の締めくくりはちゃんとメリハリをつけて相手に好印象を残すことが重要であろう。

●———— ③初頭効果と親近効果——どっちが優先？

ではどちらが優先されるか？

もし短い時間であれば初頭効果が優先され，長い時間ならば親近効果が優先される。短い時間だと，最初の印象が強く残っているからである。長い時間だと最初にあったことは忘れられ最後にあったことが印象として残る。

否定的な言葉を入れるかどうかでもこの2つが分かれる。例えば，次の例を挙げてみよう。

A	甲国は，国が豊かでお金持ちもたくさんいるし，道路も広く，ごみも多い。
B	甲国は，国が豊かでお金持ちもたくさんいるし，道路も広いけれど，ごみは多い。

いかがであろうか。Aの方は甲国が豊かで道路が広いことが印象に残るであろう。初頭効果である。Bの方は，この国が汚い国という印象が強く残るであろう。親近効果である。「けれど」という一言を入れただけで最初が印象に残るか，最後が印象に残るかが変わる。このように，途中で転換するような表現を盛り込むことによってまったく印象が異なってしまうものである。

また，受け取る側の人によっても変わってしまう。物事をいろいろな角度から見ることができる人，強い判断力を持つ人に対しては初頭効果の方が有効だが，物事をある一定の角度からしか見ない，判断力の弱い人に対しては親近効果の方が有効とされている。前述のように，時間によっても異なる。初頭効果は長期的に印象として残るが，親近効果は短期的にしか残らない傾向がある。

従って，初頭効果も親近効果も，一方が必ず有効ということはなく，前述したような条件の違いからどちらか一方が有効になりやすいということが言える。

● ────④初頭効果と親近効果──プレゼンテーションのケース

将軍でも，源頼朝と源実朝，足利尊氏と足利義昭，徳川家康と徳

川慶喜は誰でも知っているように，どの幕府においても最初と最後の将軍名は記憶に残りやすい。ということは，これをプレゼンテーションに当てはめたらよいということを行動経済学は示唆している。プレゼンの最初に強烈に印象に残したいことを言う，最後に強烈に言いたいことを言う，そうすると人の印象に残りやすいし，それどころかそのプレゼンに対しての評価も上がる。

　これらの効果について，よくプレゼンテーションの例が出てくる。これは善し悪しだと思う。「プレゼンの最初に自分の言いたいことを強調してもよいし，最後に強調してもよい。これら初頭効果と親近効果を上手に使い分けるのが良い」というものである。聞いている人たちがプレゼンを初めて聞くような人たちだったらあてはまるであろう。しかし，例えばプレゼンの審査員もプロである。プレゼンの強調されていないところの良さを読み取るのも仕事の一環である。したがってプロの審査員やプレゼンを聞き慣れている人の前では，この初頭効果と親近効果がそのまま成り立つと考えるのは間違えかもしれない。重要な点は，そのプレゼンのコンセプトを明確化させ，繰り返し述べるのがもっともよかろう。もちろん最初と最後が肝要であることも忘れてはならない。

　プレゼンと同様に，面接試験などでは，策を弄しすぎると自分で自分の足を引っ張る可能性がある。面接では，トータルで評価されるであろうから，親近効果だけではだめである。これも審査する方はプロである。平凡に続けて最後の一言で印象的なことを言っても点数は低くなるであろう。初頭効果で印象的なことを話し，親近効果で最後に熱意を伝える。こうした戦法も必要になってくる。そして，何よりコンセプトを明確化させ，伝えることが重要である。

⑥地域活性化の例

　ふれあい神田市場は連携先があって成立した。千代田区の補助金から始まったこともあり，正式名は「神田ふれあい通り商店街，明治大学，嬬恋村連携ショップ」であった。千代田区への申請書類，プレスリリースの書類などには正式名を記載した。ただ，ここでも紹介した通り，最初の名前と最後の名前は重要である。公式名とは別に，お店のウィンドウに貼ったのは「明治大学，嬬恋村」だった。これだと大学名が最初に出て初頭効果として抜群の客寄せ効果となった。それをフォローしているのが嬬恋村という印象になった。名前の順番は，初頭効果，親近効果があるので重要である。書類上は正式名であったが，店頭では商店街が配慮してくれた。もちろん商店街も，陰ながら主体としてもっともサポートしてくれていたことを付言しておく。

　そのおかげもあり，通りがかった人たちが，明治大学のお店だということで入ってくれた。自分も明治大学を出た，息子が明治大学出身だという方も多くいらっしゃった。大学にいると当たり前の名前も，地域に出るとずいぶん多くの方に親しみを持ってもらっていることがわかった。嬬恋村も同様。「あのキャベツの嬬恋村か」と言って入ってくださるお客さんがいたり，自分も嬬恋村出身だと言って入ってくれた。最初は，名前を見て信用を高めるはずだったが，出身者が多く来てくれるというのは想定外だった。多くの人が関係する名前を目立つように並べることができて初頭効果，親近効果を大いに発揮できた。

⑥地域活性化の指針

　初頭効果と親近効果は，ピークエンドの法則と重なるところがある。

ピークエンドの効果が途中と最後を強調するのに対して，初頭効果と親近効果は最初と最後である。エンド効果と親近効果は「終わりよければすべてよし」で同一である。

　初頭効果は初対面の効果という解釈ができる。ということは，最初の印象が重要だと言える。地域の玄関口がみすぼらしいと全体まで廃れた印象になってしまう。しかし，駅などは近代化して立派にすればよいというものではない。古風な駅の方が人の心のノスタルジアに響いて印象がよくなる。その町は古い伝統を重んじていることが想像できる。その地域の特性を印象づけるような印象を最初に持ってもらうようにしたい。

　電車を使う人だけではなく，車やバスを使う人も多い。ただ，こちらも道路が良ければよいというものではなさそうだ。人里離れた一軒家に行く番組でも，狭くて走りにくい中を進み，ようやく着いたという不便さがその地域の良さを醸し出している。広い道路で進みやすいというだけでは，誰もが行って混雑した人込みや車の渋滞を見てきただけという印象で終わりかねない。

　よって，その地域の特性を見出して，それを印象づける初頭効果を目指すべきである。コンサルの会社などに頼るのではなく，無理だと思ったことを地元の人たちが努力してこそ印象は輝くと筆者は考えている。前述の草津温泉の駐車場移動は見事であった。印象が悪くなる駐車場を，勇気をもって撤去した。長年，その地域に住んでいる人ほど地域の魅力に気づかないと言われるが，同時に地域の真の魅力を知るのも，長年地域に住んでいる人たちなのである。地元ならではのメリットとデメリットに地元の人たちが気づき，他の地域から来る人たちの最初の目に留まる特性を考え，その特性を生かすよう実行するの

がよいてあろう。

2 フレーミング効果から派生する効果 「極端回避性」松竹梅 *2

　自分の効用を最大化するために合理的な行動をとることができる人を「経済人」と呼ぶ。従来の経済学が想定する経済主体のことである。消費を行う経済人は，商品やサービスを選ぶ選択肢がどんなに多彩であっても，それらの選択肢の中から自分の満足を最大化するモノやサービスの組み合わせを正確に選択することができる。しかし，実際の人々はこのような合理的な「経済人」ではない。実際に大量の選択肢を目の前にすると，瞬時にその中から合理的な選択をすることなどできない。

　では，こうした多数の選択肢があり合理的な判断が難しくなる状況下で，人間がどのような選択をするのか。それをコントロールする無意識の心理に「極端回避性」がある。「真ん中」を選びたくなる心理のことである。日本語の「中庸（考え方・行動などが一つの立場に偏らず中正であること。過不足がなく，極端に走らないこと［『大辞林 第四版』三省堂、2019］）」という言葉がまさに当てはまる。あなたが，うなぎ屋さんに入って，特上，上，並の3種類があった場合，つい上を選んでしまう心理を指す。これは「松竹梅の法則」とも呼ばれる。

　それでは，実生活の中での「極端回避性」とは一体どういうものなのか。身近な家電の購入を例に考えてみよう。今回は身近な家電の中から，無線LANルーターを例に挙げてみる。無線LANルーターとは多くのメーカーが沢山の種類の製品を販売している家電の一種で，われわれがパソコンやスマートフォン等の電子機器でWi-Fiを利用する際に

必要な機器である。無線LANルーターは前述のように多くの種類があるのもさることながら、その性能評価のために専門的で難解な用語や指標が使われがちである。「極端回避性」が働く場合には、大量の選択肢があり容易に判断できない場合の他に、選択の対象に対して十分な情報を持ち合わせていない（性能評価に用いられている専門的な用語が理解できない）場合もある。どの無線LANルーターを買うのかという選択は、まさに多くの人にとって「極端回避性」が働く選択になると言えるだろう。

　無線LANルーターを製造している国内メーカーのE社の公式サイトを見てみると、全部で10種類のWi-Fiルーターの製品情報が掲載されている。この中で最も高価な製品Aの価格は24,170円、最も安価な製品Bの価格は7,690円で、価格の平均は12,501円であった（いずれも税抜き価格）。値段が性能を表していると判断せざるをえず、特別高い技術力もいらないし、逆に故障しやすいのも嫌なので、ちょうど中間の製品を買いたくなる。つまり価格の平均である12,501円に近い「竹」の製品が最も売れる。10種類の製品の中で最も価格の平均に近い製品Cの価格は、12,190円であった[*3]。どのWi-Fiルーターを買うかという選択において、「極端回避性」が働いた結果であると言える。このように「極端回避性」は、人間が何かを選択する時に、無意識にその選択に影響を与えているものなのである。

●———①地域活性化の例——トウモロコシ販売の話

　嬬恋村で大学生が自分たちで畑を借りて、そこでトウモロコシを育てた（といっても、大学生は東京で授業がありちょくちょく行けないため、地元の農

家の方が親切にも育てくださった！）。少なくても大学生はちゃんと種撒き
をした。

　その収穫の時期が来た。大学生は，バスを借りて千代田区と千葉
県浦安市の小学生をそこに連れて行った。嬬恋村では実ったトウモロ
コシを大学生と小学生が一緒に収穫した。それを持って帰ってきて，
ふれあい神田市場のイベントとして地域で販売することとなった。

　その価格設定を大学生たちが行った。トウモロコシといえば1本
100円から150円。いくらにしたらよいものか。そこで，1本150円の案，
100円の案，50円の案が出た。その3案のうち，最終的に真ん中の
1本100円で販売することとなった。真ん中が選択された。これはま
さに，松竹梅の竹の選択であり，高すぎる，安すぎるの極端を回避し
た行動といえる。

　100円で販売したが，新鮮であったので瞬く間に売れた。完売だっ
た。100円の値づけはもしかしたら安すぎたかもしれない。しかし，新
鮮な野菜を多くの方に楽しんでいただき満足であった。

●──────②地域活性化の指針

　マーケティングの手法では，松竹梅のうち，最初にお客に高い松を
見せるのだそうだ。次に安い梅を見せる。最後に真ん中の値段の竹
を見せると，お客はそれを買うと言う。最初に，極端な価格のものを
見せ，最後にお客が安心できるような価格のものを出す戦略である。

　地域に人を呼び込む際も，極端を売りにせず，「中庸」を売りにする
のもよい。「高すぎず安すぎず」「難しすぎずやさしすぎず」を売りにす
る。それが当たり前すぎるならば，マーケティングの手法を使い，最初

に松を見せ，次に梅を見せ，最後に売りにする竹を見せるという手法
をとるのがよいように思われる。

3　フレーミング効果から派生する効果　「あぶく銭効果」

　心の会計と呼ばれる行動のひとつに「あぶく銭効果」と呼ばれるもの
がある。会計とは資産や貨幣を金銭の価額に置き換えて行うことであ
る。一般的に会計というと，例えば1,000円の資産は1,000円の価値し
かなく，それ以上でもそれ以下でもないと考える。あえて説明する必要
もない一般的な事象である。

　ただ，心の会計と呼ばれるような心理的な要件が加わると意味が変
わってくる。ここで説明する「あぶく銭効果」は，どのように金銭を入手
したかにより，心理的な意味でその価値が変わる現象である。例えば，
同じ1万円であっても，過酷なアルバイトの末に手にした1万円と，
両親から臨時的なお小遣いとして渡された1万円とでは，前者の方
が有意義な物事に使おうと感じるのではないだろうか。もしくは，仮に
生活に苦しい家だったとしよう。両親が一生懸命に働き，節約を繰り
返した末，あなたに渡した1万円であったならば，それは無駄遣いの
許されない貴重な1万円と考えるのではないだろうか。

　簡単に言えば，あぶく銭とは，仕事の給料以外に臨時収入で入っ
たお金を使うことともいえる。以下は，仕事で得たお金と，臨時で得
たお金の使い道の一例である。

　水道光熱費などの必需品は恒常的な給与で，娯楽費に関しては臨
時的な費用で支出することが言われている。

仕事で稼いだお金の使い道	臨時に入った収入の使い道
●水道光熱費	●食費
●食費	●貯金
●貯金	●娯楽費（どこか出かける，洋服買うなど）

　ただし，これはわかりやすくした例であり，現実にはそれ以外の事情も考慮する必要があろう。金銭的な価値は，仮に，1万円と同等であっても，それが心理的に持つ価値は人によってさまざまである。「あぶく銭」とは苦労しないで入手する金銭を言い，心理的な価値はそれほど高くない。そのため，苦労しないで得た金銭は有益な内容に支出されない傾向があるというのが，この「あぶく銭効果」である。ただし，苦労の有無を外見から評価することは難しい。例えば，ある企業の社長は，今は苦労しないでお金が得られている状況であるとしよう。苦労しないで金銭を得ているからといって，この社長が必ずしもそれをあぶく銭と見なすかといえばそうではない。社長になるまでには多大な苦労があり，その苦労を振り返ると，とてもあぶく銭とは思えず，少しでも有益に支出しようと考えているのかもしれない。また，ある作家が書籍でたくさんの印税を得ているとしよう。販売のための直接の苦労はしていないかもしれないが，印税を得るだけの書籍を執筆するために多大な苦労をしているし，勉学費などで多大な金額を自己に投資しているかもしれない。印税で得られた金銭をその回収の金額と考えたならば，それをあぶく銭と考えることは不可能であろう。

　こうしてみると，あぶく銭の見方は複雑である。働いていないのに，努力していないのに入ってきたお金をあぶく銭と一律にみなすことがで

きないことがわかった。時間を超える解釈が必要となる。その個人が
何に金銭を支出したのかによって，その人が苦労して得たお金なのか，
そうではない「あぶく銭」なのかを認知することができる。ただし，これ
は個人の心の中の問題であるので，同じく自動車を買ったとしても，
必需品として買った人もいるかもしれないが，親からの金銭的贈与が
あったので，レジャー用に買ったのかもしれない。このことを図に描く
と次のようになる。

(あぶく銭効果)			(あぶく銭効果は少ない)
少ない	←　金銭を得るための苦労　→		多い
低い	←　金銭使用の目的意識　→		高い

出典＝長瀬勝彦(2000) 29〜30頁

　上の矢印は，ある個人や法人が無分別に金銭を支出したならば，
それは苦労しないで得た「あぶく銭」の可能性が高い。それが分別あ
る支出であったならば，苦労して得た金銭と推測できる。

●───── ①地域活性化の一例──神田ふれあい市場の学生

　すでに書いたように，筆者のゼミ生は経済学の授業のひとつとして
千代田区神田駅前でアンテナショップ「ふれあい神田市場」の運営に
携わった。学生は経営者の立場で携わったため安定した賃金は約束
されず，いわば役員報酬と同じ扱い。さらに学生が勉強するという目
的で携わったため，まさしく雀の涙ほどの報酬であった。当時，ひとり
の学生が得た報酬は1年間で約2,700円であったことを，10年以上

經った今でも覚えている。その学生だけでなく，当時，一緒に働いた多くのメンバーが金額を覚えているであろう。つまり，これは「あぶく銭」とは認識されなかったのである。学生に聞いたところ，茶封筒に入れられたまま，なかなか手を付けられなかったという。

その一方で，卒業後その学生は幸運にも競馬で臨時収入を得たことがあるという。アンテナショップ経営で得た報酬を茶封筒に入れたまま，競馬で得たお金は湯水のごとく使ったという。普段は興味すら示さない商品も大量に購入した。同じ金銭のはずなのだが，使い方に天と地ほどの差があった。競馬で得たお金での購入や消費こそ，まさしく「あぶく銭効果」である。

しかし，この「あぶく銭」で買ったものだからといって侮ってはいけない。「あぶく銭」だからと購入した衣類が似合っていて今ではお気に入りだったり，偶然に購入した書物に書かれていた内容に感銘を受けたようなことは誰にでもあるのではなかろうか。ふれあい神田市場を経験した大学生OBにも経験があるという。当時，前述と違う学生はアンテナショップから得た，思わぬ報酬で経済学の本を購入したのである。当時，授業で使用される経済学の教科書を買うことすら渋っていた学生が，自主的に経済学の本を購入した。まさしく「あぶく銭効果」のプラス効果の真骨頂である。ここで偶然に購入した本が今後の人生を大きく変えたそうだ。経済学に興味を持ち，より学ぼうという意欲が生まれたのである。その学生が思い返すと人生を変えた買い物であった。彼の人生にとってすばらしい「あぶく銭効果」であった。

●────②地域活性化の指針

　コロナ禍に対する経済対策などで，政府から予期せぬ特別給付金が入ったりする。2020年のコロナ禍の影響は長引いたので，躍起になって政府は国民にお金を使わせようと，観光のための給付金などを行った。Go Toトラベルなどのキャンペーンも行った。そのあぶく銭の活用を地方は見逃さないことが重要である。

　日本政府は本当に苦しい人たちだけに給付するのが苦手である。困っているか困っていないかの線引きが難しい，不公平だと言われるとすぐ腰砕けになる。すると，特にお金に困っていない人たちにもお金を配る。そういう人たちにとっては，政府から突然受け取ったお金はまさに「あぶく銭」という位置づけになる。困っていないのにもらったお金である。降ってわいたようなお金である。

　地域や地方にとっては，そうしたあぶく銭を地元で使ってもらえるように工夫をしておくとよい。地方活性化のために観光に使えるような給付金サポートがこれからも何回かあるかもしれない。その時あわててPRするのではなく，日頃からそうした給付を自分の地域で使ってもらえるように準備しておくことが大切なように思われる。

　観光客もあぶく銭だと思って使った支出で大いに楽しみ，良い思い出を作れるかもしれない。そうした観光客はリピーターとしてまたその地を訪れてくれる。政府がせっかく給付したお金である。ただし，政府の力は給付までである。その後の循環は地方や地域が作らなければならない。それができてこそ，経済が復活する。これからの地方に期待がかかる。

4 フレーミング効果から派生する効果 「一貫性の原理」[*4]

　人は自分自身で決めた目標や目的に向かって，一貫性をもった態度をとろうとする心理がある。

　これは買い物にも当てはまる。例えば，アパレルショップに洋服を買いに行ったとする。ところが，いざお店を歩いていると，たくさんの服がありすぎてなかなか「これだ」と思える洋服が選べない。しばらくして，店員から「何かお探しですか?」と聞かれ，「自分に似合う洋服が欲しいんです」と答えたとする。それを聞いたあと一緒に店員が探してくれる。そして，店員が持ってきた洋服の値段が，あなたの予算を超えていた。しかし，たしかに似合っている洋服に思える。この場合，あなたはどうするだろう。おそらく買ってしまうのではないだろうか。

　この話の何が一貫性か。それは，店員が聞いたあと，「自分に似合う洋服が欲しいんです」とコミットメントし，予算オーバーにもかかわらずその購入を一貫して行ったことである。これをお店側から考えるとわかりやすい。お客にコミットメントさせることにより，お店の商品を買うように誘導することができるわけである。お客の側からすれば，たくさんの洋服の中から自分に似合わない洋服は選択肢から取り除ける，一度言ったことを貫くことで刹那的なお客ではなく，理性のあるお客であることを店員に見せることができるというメリットがある。そのお客の心理を利用すれば，つまりお客のコミットメントの一貫性を活用すれば，売り上げを増やすことができる。このように「一貫性の原則」はお客にもメリットがある。

　もし，あなたが店員に質問しないで同じ洋服を見たならば，予算オーバーとして購入しない結果にもなったであろう。店員に「似合う服が欲しい」とコミットメントしたため，一貫性を保とうという心理が働い

た。そのため，店員にコミットメントしなかった場合とした場合とで異なる結果につながったと言える。

　お客側の第1のメリットは，たくさんの選択肢の中から候補を絞ることができたということである。われわれが社会で生活しているあらゆる場面でたくさんの選択肢がある。その中で自分がコミットメントすれば，選択肢が大幅に狭まり，選択しやすくなる。第2のメリットは，一貫性を持つことでその行動に対して他の人から信頼を得ることができるというものである。言っていることがころころ変わってしまう人をあなたは信用しないであろう。理屈をもって一貫している人については信用度が高まるであろう。人には理性的であるとみなされたいという願望がある。

●————①地域活性化の例

　鳥取県北栄町の漫画での地域活性化には一貫性があった。人気漫画家の出身地であり，その彼も地元の学校に寄付するなど，地元貢献も大きい。北栄町はその彼の漫画の主人公を活用しながら地域活性化を行ってきた。66頁で紹介した「青山剛昌ふるさと館」を核としての地域活性化はわかりやすい。

　北栄町では漫画の関連で地域を活性化させることに一貫性を持たせている。漫画という一貫性に沿えば，学生たちの地域活性化の提案も聞いてもらえた。学生たちの提案でマンガ寺子屋という組織を興した。北栄町のメンバーと筆者のゼミの学生たちが組んで，漫画での地域活性化の事業を行うというものであった。

　マンガ寺子屋とは公民館，福祉センターに書棚を置き，そこに関東

ぃ寄付してもらった漫画本を中心に並べて，来訪者がいつでも読める
ようにする取り組みであった。漫画の図書館を町内のいくつかの場所
に設置した。寺子屋と命名したので，そこでイベントも開催した。例え
ば，イラスト教室は地域の子どもたちに対してイラストのプロが漫画の
書き方を教えるというものであった。イラスト大会も開いた。全国から
イラストを募集して，賞を授けるという催しだった。これらイベントには
毎回何百という応募があった。また，小学校の総合学習の時間でも
プロの漫画家が漫画の描き方を子どもたちに伝授するなど教育の中に
も漫画が取り入れられていった。

　一貫した漫画での地域づくりのため，よそから参加した大学生たち
も趣旨がわかりやすく，すぐ溶け込んで協力できた。地域づくりには一
貫性が必要であることがよくわかる例である。

●─────②地域活性化の指針

　地域活性化には，よそ者，若者，馬鹿者が必要だという。よそ者と
いうのは岡目八目でその地域の良さがわかる人を意味する。若者は，
新たな発想力を持ち，行動力を持つ人を指す。馬鹿者は，分別にと
らわれず，心配事を無視して大胆なことを実行できる人を指す。

　このうち，よそ者として地域の活性化に参加した場合，地元の価値
観に引っ張られず，岡目八目でその地域の良さを主張していける一貫
性を持つことが大切である。地元の人たちは問題が生じて柔軟に考え
が変化するかもしれないが，よそ者の考えがころころ変わるのでは良く
ない。よそ者の良さは，地元の人たちがわからない地域の良さがわか
ることだからである。

若者の良さは，発想力，行動力のすばらしさである。反面，若者は年配の人から強い言い方をされるとそのまま静かになってしまう。若者の力を生かすには，意見を抑え込むのではなく，彼らの力が一貫して発揮できるように尊重する必要がある。

　馬鹿者の発想は，地元にとっては非常識である。一見実現不可能に思うと地元の人たちはすぐ却下してしまいたくなるところであるが，今までにないまったく新しいアイデアもこれからは重要となる。それに想像可能な実現できることばかりを実践していたら成功しない。できないことをやってこそ，本当に成功する可能性も高くなる。非常識，非現実なアイデアを一貫して支持することも重要である。もちろんそのようなアイデアは途中で継続できなくなるかもしれない。しかし，その時柔軟に修正していけばよい話である。

　よそ者，若者，馬鹿者を地元の地域活性化に活用したい時，使い捨てにするのではなく，そして自分たちに従わせようとするのではなく一貫して尊重した方が大きな成功につながる可能性がある。いずれにしても，一貫性は重要である。

5　フレーミング効果から派生する効果　「選択的意思決定」*5

　選択的意思決定は今述べた一貫性に似た心理である。コミットメントの項でも述べたが，最初に意思決定したことを，それを守るとコミットメントしたらわれわれはその決定をなかなか変えられなくなってしまう。一度良いと決めたらそれを通す選択的意思決定という現象が発生する。地域活性化に関してのコミットメントで皆に協力してもらったあと，うまくいきそうもないからといって簡単に「もうやめます」とは言えない。

うまくいさそうになくてもその活動を続けようとする。決めた活動を継続することが目的になってしまい，その目的に合わないことに対応する柔軟性が欠けてしまう。

　同じことは日常でも言える。住むところを決めたあと，周辺を歩いてみると，暗い道が多い，コンビニが少ない，病院が少ないと気づいても，駅から近く通勤に便利という最初の意思決定の気持ちを持ち続けてしまう。

　こうした選択的意思決定を持っている人は頑固で良くないかというとそういうわけでもない。一貫性の項でも説明したように首尾一貫しているので信頼がおける。それに対して，ちょっと状況が変化したからといって最初の意思をすぐ捨てたり変えたりする人がいる。そういう人は信頼がおけない。一緒に活動しているとはしごを外されかねない。こうした人は選択的意思決定を持っていないと判断できる。柔軟性があるという評価もできるが，一方で弱い人であるという見方もされてしまう。

◉─────①地域活性化の例

　やり始めたらうまくいかないと途中でわかっていたのにやり続けてしまうこと。これは，一見悪いことのように見えるが，悪いことばかりではない。

　地域のお祭りやイベントは，何十年，何百年と続いている。その途中では人が集まらなかったり，やめようという声が起こったりすることもあったであろう。その中で続けてこそ，のちに「伝統」とみなされて重要視される可能性がある。

　今や全国的に有名な九州のお祭りでも，一時期神輿の担ぎ手が足

りなくてアルバイトを雇ったことがあったそうだ。禁じ手であり，反則のようにも思える。しかし，今や担ぎ手の希望者も多く，地元の伝統行事として全国的に有名になっている。

　伝統を守るというコミットメントが，アルバイトまで動員してその行事を廃れさせなかった。昔からの伝統を守り続けた。そして，今や全国のテレビでも生中継されるような大々的お祭りになっている。地域の人たちが選択的意思決定を貫いたことが功を奏した良い例である。

●————②地域活性化の指針

　地域活性化の例では，選択的意思決定が成功した例を紹介した。しかし，うまくいかない例もある。地域がコミットメントをした際，その地域の保有する能力以上にイベントが盛大化し，組織で行っていくことが不可能になってしまった例がある。筆者の地元は小中高の地域音楽祭を地域で始めた。最初は適切な規模だったが，子どもたちの安全もテーマに加えてパトカーを呼んだり，点字教室を開催したりと，次第に規模が大きくなった。地域の期待も高まり，恒例行事として盛大に行われるようになった。途中で規模を抑えていれば継続できたであろうに，盛り上げるだけ盛り上がらせたためあとに引けなくなってしまった。結局，誰もその規模のイベントを地域で取り仕切ることができなくなり，そのイベントは素晴らしかったにもかかわらず，消えてしまった。

　選択的意思決定において，規模が膨張しそうな時には歯止めをかける必要があるという教訓であった。そうすれば一貫性を保てたはずであった。地域活性化の例でも挙げたように一時期廃れるのも問題だが，この例のように盛況になりすぎるのも問題である。選択的意思

決定をしながら身の丈にあったイベントをし続けるのがよい。

6　フレーミング効果から派生する効果　「サンクスコスト効果」*6

　多額の投資をしていたら手を引きたくても引けなくなる。投じた費用の大きさゆえに，多少赤字が出たからといって今さら方針を変えられない。行動経済学のサンクスコスト効果でよく例に出されるのがコンコルドという飛行機である。超音速で飛べる飛行機を巨額の投資をしてフランスとイギリスが開発した。マッハ2.2という画期的な速さで1976年に大西洋間に就航した。2020年のヨーロッパとアメリカ間の最速が5時間弱であったが，コンコルドは3時間弱で行き来した。いかに速いかおわかりいただけよう。新幹線で東京から新大阪に行く間に大西洋をまたいでしまう。だが，音がうるさい，乗り心地が悪いという理由で不人気であり，大きな赤字を生んだ。しかし，開発に投じた金額が巨額すぎて引くに引けず飛行を続け，ようやく2003年に運航をやめた。

　これは金額のことだけではない。これまで重ねてきた苦労の大きさを慮れば，やめるにやめられないという事情は徴にして考えられる。あるいは，途中まで行動していて，もうすぐ目標に達するからその行動をやめるにやめられないというのもこれにあたる。山に登っていて，もうすぐ山頂というところで天候が崩れても登頂したいという気持ちは捨てがたいであろう。

　この投じた費用や苦労を埋没費用（サンクスコスト）という。その埋没費用が惜しいために，気持ちのうえであとに引けないことをサンクスコスト効果という。

　企業がよく活用している。航空機に多く乗ると，会社の定めたステー

タスのランクがアップして専用ラウンジなどが使えるようになる。次の年，あまり乗らないとそのランクが取り消される。航空機に乗れば乗るほど有利な条件でランクアップが達成できる。お客はその有利な条件で来年のランクアップを勝ち取るために航空機に乗る。航空機会社の思惑通りになる。このように商業に応用されている。

◉————①地域活性化の例

　八百屋であり，地域のアンテナショップであった「ふれあい神田市場」の運営は2004年から2009年の足掛け5年強続いた。経済学や行動経済学のフィールド実験だった。最初の2年間は千代田区からの補助金，そのあとの2年間は国から大学を通しての補助金で運営した。店長は嬬恋村役場から派遣された人だった。ほぼボランティアで大学生たちも運営に携わった。機会費用という考え方がある。彼らがこの運営に携わらず他のアルバイトをしていれば相当な時給をもらえたはずなのに，その分を失っている。つまり，その分は損失である。機会費用はその損失を費用として金額換算したものである。それは膨大な金額になったことであろう。

　ふれあい神田市場開店の効果は抜群だった。店舗の位置する商店街は神田駅から歩いて3分ほどのところにあるにもかかわらず，ほとんど人が通らないところであった。当初商店街は閑散としていて7軒もシャッター店舗があった。しかし，ふれあい神田市場が開店した半年後にはそれらのシャッターがすべて開いた。つまり，空き店舗がなくなったのである。その八百屋は定期的にイベントなどを開催して次々に経済効果を生み出したので，機会費用を含めて投じられた費用は，

その地域全体の余剰（満足）でみると十分ペイしたといえよう。

　とはいうものの，いよいよ閉店を考える時，これまで投じてきた実際の費用や社会的に生み出してきた効果を失うことになるため悩むことになった。まさに埋没費用が大きかっただけに閉店には大きな決断が必要だった。閉店を考えることになった理由は，大学生の教育としてマンネリ化してしまったところにある。広告効果，イベント効果，会計などの勉強になっていたが，その一通りの勉強が済んだので，新たな教育効果が望めなくなったのである。埋没費用を比べ，大学生に新たな他の学びの機会を与える方が大きいと判断したので，閉店を決断した。まさにサンクスコスト効果との葛藤であった。

◉─────②地域活性化の指針

　コミットメントして予算を議会まで通したら自治体は実行せざるをえない。かつての公共工事で，50年以上前に計画が決まったダム工事を今頃実行しなければならないというように，公の仕組みは融通が利きにくい。よって，一度決めた事業は，うまくいかなくなりそうでも詭弁強弁で実行して成功したと言い張らなければならない。不便である。

　地域活性化の際は，そうした不自由な点も考慮に入れて実行しなければならないであろう。途中でうまくいかないこともある。そのことも考慮しておくべきだ。サンクスコスト効果で，あとに引けなくなるというのは愚策である。たとえあとに引けなくなっても修正力をもって事に当たるべきである。それを事前に裏計画として考慮に入れておくべきである。

　コミットメントはできる限り貫く方がよい。地域に対して一貫性を持

つのがよい。しかし，サンクスコスト効果に対抗する修正力，「あきらめる力」ももっていることが望ましい。政府や自治体はコンコルドになりがちだが，失敗が次の成功につながるよう，その地域のコンセンサスを得ながら進退をつねに考える体制づくりをしておきたい。その下で，その地域の活性化を図っていただきたい。

7 フレーミング効果から派生する効果 「貨幣錯覚」

　物価が上昇したために給料が上がったにもかかわらず，給料が上がった方ばかりに目をやり，たくさんの消費をしてしまうことを貨幣錯覚という。1年で10%も給料が上がればうれしい。給料がたくさん増えた気持ちになる。実際にはインフレ率を差し引かなければならないにもかかわらずそのことに気づきにくい。つまり，給料が1.1倍になれば，ありがたみも1.1倍にしてしまう錯覚である。本当は，実質値は1.1倍未満にもかかわらず，1.1倍だと喜んでいることが貨幣錯覚だ。そもそもインフレ率を認識して買い物をするということは少ない。

　では，なぜ貨幣錯覚をフレーミング効果と呼ぶか。よく考えてみてほしい。インフレ率がいくらだったかという正確な統計は，その期間が過ぎたあと初めて公表される。給料をもらう時，買い物をする時点では名目値というフレームしかない。1年後にじつは物価上昇がかくかくしかじかだったと聞いて，「初めて給料の上昇の虚偽部分の正体＝正確なフレーム」がわかる。その時々の与えられる条件（＝名目値しかないというフレーム）によって給料を受け取る感じが変わってくる。これが貨幣錯覚である。フレーミング効果に含まれている理由である。

①地域活性化の例

　われわれが外国に行くと，例えば韓国では円は10倍の単位のウォンに換金できる，ベトナムに行けばもっと大きな単位のドンに換金できる。なぜかお金持ちになった気分になる。手にしたお金の多さから，たくさん買いたくなってしまう。通貨単位が約10倍違う韓国の場合，物価が日本とあまり変わらないにもかかわらず，買い物が進む。

　かくして，ぜいたくをしてしまう，たくさんのものを買ってしまうということになる。このように，貨幣の単位が違って多くの金額を手にすると，自分がお金持ちのように思えてくる。自国通貨安にしておくと，外国人が買いやすくなる。これも貨幣錯覚のひとつであろう。

②地域活性化の指針

　貨幣錯覚を説明したが，日本では近年物価が上昇することがなく，じつは貨幣錯覚は発生しにくい状況である。日本ではバブル崩壊後，デフレ状態が続いている。アベノミクス時に景気が良くなったかといえば，真の景気回復ではなく，給与が十分上がっているという状態ではなかった。アベノミクスでは，発行する貨幣量を増やしてきたが，なぜか物価が上昇しない。これは世界的にも当てはまり，かつてのアメリカのFRB議長が，物価が上がらない理由を教えてほしいと言ったほどだ。

　というわけで，経済学でいう，正確な貨幣錯覚が発生する状況にない。物価が上がらないから貨幣錯覚を起こす機会がない。

　だが，逆の貨幣錯覚はある。都会から地方に行くと，農産物の物価が安いので都会の人たちは得した気持ちになる。朝採りの野菜がこんなに安いのかと驚く。地方に行ったら少し金持ちになったように思う。

だが，ガソリン代は，日本の中で同じである。むしろガソリンが一番安いのは都会の郊外であり，地方は決して安くはない。じつは地方に行っても，多くのものは都会と同じ価格である。それにもかかわらず，ある特定の商品の価格を見て，所得が増えたように思えてしまう。

　地方の戦略としては，この貨幣錯覚をうまく使い，都会から来た人たちにお金持ちの気分を持ってもらうように誘導し，たくさんのお金を使ってもらうことだ。相対的にお金持ちになった気持ちになり，多くのお金を使ってもらえる。地域活性化のためにはこうした貨幣錯覚を活用して，地元の品物がたくさん売れるような工夫をするとよい。

註

*1————真壁昭夫 (2010)，212〜219頁，ゆうじ (2019)

*2————友野典男 (2011)，53〜58頁。エレコム株式会社「無線LAN親機（Wi-Fi/無線LANルーター）」https://www2.elecom.co.jp/network/wireless-lan/router/ (2021年10月25日確認)

*3————家電製品がどれぐらい売れているのかは，基本的にそれを製造するメーカーしか知りえない情報である。そこで今回は，株式会社BCNがPOSデータを集計し作成した『無線LAN　週間売れ筋ランキング』（https://www.bcnretail.com/research/ranking/list/contents_type=115［株式会社BCN, 2019年10月7日確認]）から，E社の無線LANルーターの内，どの製品が最も売れているのかを判断することにした。そしてこのランキングから，最も売れていたE社の製品は，E社の無線LANルーターの価格の平均に最も近かった製品Cであることが判明した。

*4————「ドライバータイムズ」（現在閉鎖），「ferret」編集部 (2016)

*5————真壁昭夫 (2010)，136〜137頁

*6————池田まさみ＋森津太子＋高比良美詠子＋宮本康司 (2020), Arkes, H. R., & Ayton, P. (1999).

第6章

その他の効果と地域活性化

1　　心理的リアクタンス効果

　心理的リアクタンスとは, 他の人に命じられたり, 禁止されたりすると反発する心理のことである。親に「片づけなさい」「勉強しなさい」と言われると子どもが憎まれ口をききながら反抗したくなる例がある。読者の方も少なからず経験があることであろう。また,「やってはいけない」「見てはいけない」と言われると, 無性にやりたくなるし, 無性に見たくなる。禁じられれば禁じられるほど興味が湧いてくるからである。

　『カリギュラ』(1980) という映画があまりにも残酷で, アメリカの地域によっては上映禁止になった。すると, 逆にそれが宣伝になり, 州を越えてまで映画を観たいという人が増えたという。まさに心理的リアクタンス効果である。この映画の例をとって心理的リアクタンス効果をカリギュラ効果と呼ぶこともある。

　よく違法な場所で釣りをする人がいる。ニュースでも報道される。インタビューされると逆切れのように反論しているケースをよく見る。立ち入り禁止の札が立っていたり, 立ち入りを妨げるような塀が作られていると, 逆にたくさん釣れるような気がして多くの人が立ち入ってしまう。立ち入り禁止が逆効果となって釣り人を呼び込んでしまう。これも心理的リアクタンスの一例であろう。

　おそらく, 罰則などが設けられるのは, どの人にもこうしたリアクタンスがあり, それを一律に抑えるには罰則などが有効だからであろう。

　教育の現場では, 生徒や学生の反発心を利用して成長させるという方法がしばしば用いられてきた。もちろん会社でも活用されてきた。一度悪い言葉でけなして, 何くそと思わせて頑張らせる方法だ。ただし, 近年はハラスメントにあたるので適切でなくなってきたのかもしれ

ないが，人によっては有効である可能性もある。

●─────①地域活性化の例

　筆者が担当を務めた「とっとりグランマ」もこの例のひとつであろう。大学の社会人学び直し事業の一環として，地域と連携したアクティブな講座を開き，新たな視点で学び直してもらおうという趣旨だった。そのひとつとして，明治大学の創設者のひとりの出身地である鳥取県，および鳥取大学と連携して，鳥取県で社会人学び直し講座を行った。

　さて，その際，どのような人を対象にするかについては，女性が活躍できる男女共同参画社会を目指すため，女性を対象にすることとした。年齢についてはどの年代でもよいとした。

　次に，講座の目的と命名である。目的は，受講者が受講後に地域で活躍して地域を元気にすることである。そういう人材を育成しようとする講座であった。講師には，特別招聘教授でもある，俳優の原田大二郎氏にも登場していただいた。さて，命名であるが，鳥取県や鳥取大学と組んで行う講座ということもあり明治大学は悩んだ。結果として，地域を支え活躍してくれる人材としてグランマを募集するのはどうかということになった。グランマはグランドマザーの略である。直訳すればおばあちゃんであり，60代，70代の人を対象とした命名である。年齢を限定させるような書きぶりをすることで，それだけ人生経験の豊富な立派な人材に来てほしいという意味を込めていた。この命名が人を募集するうえで成功するか否か。筆者の大学の人たちもわからなかったが，鳥取県庁の人や鳥取大学の人たちもわからなかったであろう。

だが, いざ蓋を開けてみれば多くの人たちが受講してくれた。年齢も30代から50代と幅広かった。30名もの受講者があった。講座で提案したことを地域で実践してきてそれを報告するという形式で講義を進めた。地域活性化の提案として, 鳥取でホンモロコ（＝琵琶湖に住む日本種の魚）の養殖の拡大など, 現地調査に基づくさまざまな提案がなされた。受講生は生き生きしていた。講座は5年間続き大成功だった。おばあちゃんを思わせる「グランマ」の命名は, 真に活気のある人たちを集めた。命名に成功した話である。

●────②地域活性化の一例──「私のタクシーに乗ると太りますよ」[*2]

京都にユニークなタクシーがある。個人タクシー「京都グルメタクシー」と銘打って「私のタクシーに乗ると, 副作用がありますよ。2キロ太ってしまいます」をうたい文句に人気を集めているという。かつてシェフだった方が運転手をしている。味の良いレストランを日頃から下調べしており, それを手帳に書き記し, お客さんの好みでレストランに連れて行くそうだ。お客さんは思ってもいないレストランに行けて大満足とのことである。

太ってしまうのは嫌である。しかしそれを逆にウリにして, おいしいお店に連れて行ってくれる。心理的リアクタンス効果をうまく使いこなしている。

●────③地域活性化の指針

誰にでも内在するこの効果は利用でき, 経済に役立てることができ

る。もちろん地域活性化にも役立てられる。人間の持つ心理的リアクタンス効果を利用して，地域への観光を誘導する手法も考えられる。具体的には「（その地域にしかない）希少な植物は絶滅が危惧されるため，本当に興味がある人しか見に来ないでください」というような反発心を利用する方法も考えられる。例えば島根県の観光PRである「島根と鳥取，もうどっちでもいい」の自虐ネタもこれを利用した事例と言える。すべてがこの観光PRの成果とは限らないが，このユーモアなPR手法で人々の関心を集めた結果，島根県は実際に（ブランド総合研究所の）全国都道府県ランキングで46位から26位まではね上がったという。このように人々に注目が集まったという実例がある。

2　　　　ウィンザー効果

　現代社会では広告があふれている。どれももっともらしく宣伝されているので，良いようには思いつつ，どうも信用できない。しかし，友だちなどの第三者から話を聞くと，その製品やサービスが良いように思える。これは，情報があふれる現在において誰しもが経験したことではなかろうか。

　これをウィンザー効果という。ウィンザー効果とは，人はあることに直接携わっている人からその事案について話をされるよりも，その人とは関係ない第三者から言われた方が信頼できるという心理を指す。身近な例として商品のレビューが挙げられる。近年はインターネット通

販での買い物が頻繁に行われている。ホームページを読むと商品やサービスについてもっともらしいことがたくさん書かれている。このような時にその商品やサービスについて，ホームページのレビューや点数などの他社の商品評価を参考にできる機会がかつてに比べて大幅に増えた。それらに基づいて自分が買うか買わないかを決めればよい。お店の人の直接の言葉よりレビュアーなどの第三者の方が信頼できる。その第三者は，お店からお金をもらっているわけではなく他の人に情報を伝えたいという動機でレビューを書いている。お店と利害関係のない人からの情報は信頼できる。専門会社に委託してウェブ上のお店の点数を上げてもらおうとしたという記事が載っていたことがある。そうしたルール違反の対策がなされ，レビューの質もずいぶんよくなってきたことと思われる。

　今レビューを取り上げたが，他にもウィンザー効果の例は多数ある。マルチ商法などの悪質商法に引っかかってしまう時，知り合いが誘ってきたからと信用するケースも多い。こういう時は要注意である。

●────①地域活性化の例

　筆者の所属学部が国の大型の補助金にトライした際，申請書に「地域が学生を教育する」と書いた。面接に臨んだ時，面接官から，「地域が学生を教育するというのはどういうことですか」と質問された。今や，学生が地域で活躍したり，企業に提案したり，現場で学生が活躍し，その結果として学生が成長していくのは当たり前と受け取られている。2005年当時にはそういう認識はなかった。新たな提案だったので，審査員もわかりにくかったのであろう。

前述のように，ふれあい神田市場では，店長は嬬恋村から派遣して
いただいた。店長は1年か2年の任期でふれあい神田市場に常駐し，
大学生と一緒に運営した。そしてイベントは商店街の人たちが指導し
てくれた。これまで大学教育といえば，担当の教授が教室の中で教育
するものだった。しかし，大学教授から言われるのとは違う視点から
の教えは大学生の脳を刺激した。学問が実際にどのように役立つかを，
机上ではなく，社会人からの言葉で学び実践した。大学生にとって新
たな学びの機会となり，考える練習となった。

　かくして，教授だけからではなく，社会の人たちからも学ぶことで大
学生の教育がより一層うまくいくこととなった。これは，第三者の言葉は，
教授が話すのと違う理解に届くというウィンザー効果に他ならない。今
や，多くの大学でアクティブラーニングやインターンシップが取り入れら
れて，学外の人たちが大学生に教えている。大学教育にウィンザー効
果が取り入れられたと言えるのではないだろうか。

●───②地域活性化の例

　前述の群馬県嬬恋村で愛を叫ぶイベント「キャベツ畑の中心で愛を
叫ぶ」を発案したのは，嬬恋村の別荘地に住む東京在住の人であっ
た。嬬恋村の人ではなく，よそ者である。前述のように，地域を活性
化させるのは「よそ者，若者，馬鹿者」と言われている。よそ者は第三
者の目で見ること，若者はがちがちに固まった思考ではなく柔軟な思
考を持っているということ，馬鹿者は常識にとらわれないこと，こうした
発想が重要であるというのである。

　なかでも，このよそ者とは地元であれこれ考えている人ではなく，岡

目八目でその地域を見られる人である。地元の人たちでは気づかないことに気づくことができる。地域活性化に関してよそ者の助言は大きな意味を持つ。

このイベントでは，最初は別荘の人が主体となり，実行されてきた。そのうち行政や嬬恋村の地元の人たちも協力し始め，今や大きなイベントとなった。愛を叫ぶイベントの会場となったキャベツ畑のキャベツは，愛のエッセンスがちりばめられた「叫ばれキャベツ」というブランドとなった。こうした発想で，キャベツ畑までブランド化できたのはやはり，岡目八目が功を奏したのであろう。

地域活性化の主体の立場からしても，地元の人ではなく他の地域の人からのアドバイスは受け入れやすい。嬬恋村の特性である別荘地の人たちとの意見交換が生きた例である。この愛を叫ぶイベントには，別荘地ならではの，こうしたウィンザー効果が見られた。

●————③地域活性化の指針

ウィンザー効果を地域活性化に利用するとしたら，第1の方法は口コミであろう。地域を楽しんでくれた人たちが地元に帰って評判を伝える。これこそが一番の宣伝効果であり，まさにウィンザー効果である。地域を味わってくれた人にはその地域の本当の良さが伝わる。自然の良さ，食を含めた文化の良さ，人とのふれあいの良さ。これらが本物であれば，家に帰って知り合いにその良さを伝えたくなるはずだ。読者の皆さんも，知り合いが旅行から帰ってきて，あそこの旅館は良かった，どこどこは気持ちが良かった，あの食事はおいしかった，○○山を見ながら入れた露天風呂は最高だったなどと聞かされたことが

あるであろう。こうした声を聴くとぜひとも自分たちも行きたいと思う。

　第2はやはりSNSなどでその地域の良さが広がることである。景色や食事の写真などを見た人はその魅力にそそられて行きたくなる。今や口コミと並ぶ，いや口コミ以上の宣伝効果となっている。現代の効果として最も高いのはこのSNS効果であると思われる。ウィンザー効果が抜群に高い。

　それ以外にも，地域が直接宣伝するのではなく，利害関係のない第三者が純粋な気持ちで宣伝する方法もあろう。その方法を考えて実施していくことにより地域活性化が現実となろう。

3　　　バーナム効果

　誰にでも当てはまる一般的な事柄や性格がある。著名な占い師に，自分についてその事柄や性格を言われると，自分だけに当てはまっているかのような錯覚に陥ってしまう。誰にでも当てはまるような言葉を用いることによって，「自分だけにそのことが当てはまる」と感じさせる手法のことである。自分という個人だけでなく，自分が属している組織や団体について言われても，そのことがその組織や団体にのみ当てはまっていると思い込んでしまう。自分個人であれ，自分が属する組織・団体であれ，言い当てられることにより相手が自分のことを理解してくれている人だと思い込んで信じてしまうことになる。

　例えば，「あなたは自然を感じたいと思っていますね？」と言われると，

自分のことをよくわかっているなあと思い込む。だが，誰でもある程度
は自然が好きで自然を味わいたい。万人に共通なことを自分に言われ
ると，自分を理解されたと思い込んでしまう。

　営業にも使われる手法である。セールスマンからこの製品で「あな
たのストレスが解消されますよ」と言われると，よく自分にストレスがある
ことに気づいたなと思ってしまう。実際は，ストレスのない人などどこに
もいないにもかかわらず。畳み込んで，「健康にもよい」と言われると，
健康が心配な自分のことを気づかってくれていると思い，より一層の信
頼を置いてしまう。だがよく考えてみると，健康についてまったく気にし
ない人も少ない。どれも自分だけではない。

　バーナム効果は，人を信用させてしまう手法なので，逆にわれわれ
は注意しておかなければならない。

●────①地域活性化の例

　「富士山が見える宿」。こういうキャッチフレーズには皆が飛びつく。
そのうえに，「風呂から富士山が一望」とついた日にはぜひ行ってみた
くなる。施設が富士山を使ったところでお金を請求されるわけではな
い。富士山を見たい，のんびりお風呂に入りたいというのは，日本人
であれば共通の気持ちであろう。しかも入浴しながら富士山を楽しめ
たらより良いとも思う。自分が誘われているような気分になる。まさに
誰にでも当てはまるキャッチフレーズで個人の気持ちを揺さぶるバーナ
ム効果に他ならない。富士山周辺の地域では富士山を活用して地域
活性化に成功しているケースが見られる。

●――――②地域活性化の指針

前述のように，北海道浦幌町は，夜空のすばらしさで売り出している。「星座が好きなあなたへ」とキャッチコピーを付けたら，満天の星の夜空が嫌いな人はあまりおらず，誰もが自分に言われているような感じがする。好んで浦幌町に行く気持ちになるかもしれない。誰もが星空は好きだからである。自分が誘われているように思い，浦幌町に行きたくなる。「トウモロコシもおいしい」。そうした文句が付くと，トウモロコシが好きな人はより一層行きたくなる。まさにバーナム効果を期待した観光客の誘い方になる。

このように，誰もが好きなことで誘い，そしてその次の段階でも誰でも好きなことで誘う。どの人も自分が好きなことで誘われているような気持ちになる。

地域に特性を持たせなければならないと必死になる必要はない。誰もが好きな要素がたくさんあるはずである。それをバーナム効果を使って宣伝し，実際にその気分を味わえる受け皿を作ることが大切である。

4　　利他的行動

アダム・スミスの著書に『道徳感情論』（1759）がある。社会には，自己の利益を求めない心の強い人たちと自己の利益を優先する心の弱い人たちがいる。自分の中にも強い自分と弱い自分が存在する。現実には，その弱さの方が勝って，人は自己の利益を追求する。本

書補論の「ミクロ経済学と疑義」にも書いたように，アダム・スミスはその自己の利益追求こそが，経済効率を良くし，ひいては社会全体の幸福をもたらすと考えていた。

　だが，「つねに」弱い方が勝っているわけではない。人に良く思われたいという感情が働いて，強い方が勝つケースがある。つまり，このような場合，人は自分のために行動するのではなく，他の人のために行動する。これは利他的行動である。

　経済活動もそうである。ボランティアがよい例である。自分が得しようとして活動しているのではなく，困っている人を助けるため，地域をよくするため，社会的課題を解決するために自己を犠牲にして活動している。快く，無償で労働を提供している。それどころか自分で交通費を出してまで参加している。自分のお金を使って貧しい子どもたちに食事を提供しているケースもある。労働だけでなく自分のお金を費やすことすら惜しまない。このように利他的目的がなければボランティア活動は成立しない。

　また，会社や大学の後輩と食事に行ったり飲みに行ったりした時，ひとりの人が支払ったり，多めに出したりする。自己の利益を考えているとは思えない。大学の後輩におごってあげても具体的な見返りはない。

　社会生活を送るうえで，自分が一番得するようにいつも行動しているわけではない。自分を犠牲にして他の人が利するような行動をとっている。これが従来の合理主義を前提とする経済学やアダム・スミスの「感情論」での「弱い自分が勝つ」が否定されるところである。町内会であろうがPTAであろうが会社であろうが，組織の中での役割分担に対して，自分が嫌だからやらないという人は少ない。組織のために自分がやりたくない仕事も行う。ここで挙げた行動経済学の「利他的行動」は

例外的な行動ではなく，日常の中のあたりまえの行動といえよう。

●────①地域活性化の例

　地域活性化のために皆が汗水を垂らすのは利他的行動である。もちろん最後は，自分にも満足感があるかもしれないが，その成功が実現するとは限らない中，皆努力している。筆者が設立にかかわった団体として，群馬県の嬬恋村では，NPO「好きです嬬恋」が，鳥取県北栄町では「マンガ寺子屋」がある。

　「好きです嬬恋」は，本書でも紹介した「キャベツ畑の真ん中で愛を叫ぶ」イベントにも参加し，ブースを出すなど，イベントをサポートした。「マンガ寺子屋」は，北栄町の「青山剛昌ふるさと館」の来場客数を押し上げるのに貢献した。インバウンド効果も手伝い，そこに入るのに2時間待ちという状態を作った。すべての人が無償で，かつ自分に利益がないにもかかわらず，地域のために利他的に行動した。

●────②地域活性化の指針

　災害が起こった時，それを手伝いに行くボランティア行動はまさに利他的行動である。災害が起きると多くのボランティアが手伝いに参加する。それによって災害を受けた地域は非常に助かっている。こうしたボランティアを行うことによって人々は自分が得しようとしているわけではない。良い思いをするためにボランティアを行おうというわけでもない。自ら困った人たちを助けたいと思う純粋な気持ちである。ボランティアの精神は尊いものである。

地域活性化も，地元の人たちのこうした気持ちを盛り立てるようにすれば，ボランティアの力で地域活性化につながる。地域で活動をする時，多くのケースでボランティアに支えられている。実際に各地で行われている多種多様なイベントはボランティアによって支えられている。

　つまり，地域活性化のためには良質なボランティアを育成しておくことが重要である。育成すると言うと語弊があるかもしれないが，ボランティア活動については，良い面だけでなく，事故などの悪い面も伴う。保険なども，いつも主催者が面倒をみられるわけではない。いざ参加してみたが事前の計画などがわからず足手まといになってしまい，イベントを妨害してしまう可能性すらある。ボランティア側が自己責任でさまざまな準備しておくことが望ましい。しかし，こうした準備は一朝一夕にできるものではない。知識と知恵を事前に持ち合わせておかなければならない。よって，地元の活性化を担うボランティアについては，事前に育成しておくということが重要となる。

5　　　疑似的利他性

　このような地域活動をしている人は，よく選挙に誘われる。選挙の応援ではなく，立候補する側である。これでは，地域活性化は単なる名目で，じつは議員になるにあたっての腰掛けだと思われても仕方ない。

　他の人や社会のために行動しているようなふりをして，じつは自分が得をしようとしていることを疑似的利他性と呼ぶ。さも他人のために行

動していると思わせて結局その人が得をする。

　企業のCSRも広報活動の一環として扱われている。企業として社会に貢献することは大切であるけれど，企業の目的は利益を上げることであり，従業員を養うとともに，株主に配当を配ることである。純粋にCSRを目的とするならば企業の形態ではなく，NPOやNGOの形態をとるべきということになる。したがって，企業が行うCSRは疑似的利他性に位置づけられがちである。

　また，「将来の日本を背負う子どもたちのために」という口上もよく聞く。選挙の時には必ず聞く文句である。万人が正しいと受け止める内容だけに，そう唱える人には反論し辛い。自分を批判することができないように他の人を巻き込む時には，そうした都合の良い疑似的利他性が使われることがある。

　それ以外にも，本当は自分の利益を前面に出したいのに，つまり自分の利益を優先させたいのに，他の人たちに迎合して従うケースもある。組織のためや他の人のための行動のように見えるが，じつは多数に迎合しているにすぎない。お花見に参加したくないのに，お花見を職場で行う時，場所取りで協力したり，進んで参加したりしたように見せるのも疑似的利他性と考えられている。いかにも日本人に見られるパターンである。社会や組織の慣習に従うというのも，今の周りの人たちと同調するだけでなく，これまでの先人をも尊重する態度に見える。たとえその慣習が嫌であっても。

　かくして，他の人に自分が良く思われたいというのがこの疑似的利他性の基本である。そのために，自分の当面の利益を犠牲にする。

◉─────①地域活性化において

　疑似的利他性は，偽善といって排除すべきものでは決してない。疑似的利他性があるからこそ，社会秩序が守られ機能する。疑似的利他性は巡りに巡って，社会の利益になる。実際に，選挙で当選する議員には，少なからず擬似的利他性があるであろう。そして，現実には，活躍した人に声がかかる。その人が積極的に議員になりたかったり，委員になりたかったりしていなくても，皆に推されてそうした地位に就くこともよくある。こうしたケースになると，必ずしも疑似的利他性とは言えないかもしれない。

　地域活性化に際しては，疑似的利他性と思われてしまうような活動は少なくない。しかし，できる限り積極的に利他的行動をとってほしいものである。

註

*1────これを第4章のヒューリスティック，第5章のフレーミング効果と別立てにしているが，人間の心理を表しているので，その2つの効果とまったく別というわけではない。読者が読みやすいよう，便宜上「その他」として区切ったにすぎない。

*2────「『私のタクシーに乗ると太りますよ』　京都観光客に人気，運転手の手帳の秘密とは」(「京都新聞」2020年1月11日）https://www.kyoto-np.co.jp/articles/-/113736(2021年10月25日確認)

1 ナッジモデル

1 ナッジモデル──政府とお店の得意技 [*1]

◉────①ナッジ理論

　行動経済学の重要な理論にナッジ理論がある。ダイレクトに強制するのではなく，「そっと促して」行動させるというものである。促された人は，人に言われたからではなく自分の自由な行動の一環として促された行動を選択する。人に一定の行動をさせたい時，さまざまな選択肢がある。特に為政者，経営者は自身の意図する行動を他者に選択させることで社会の秩序を保ったり，売り上げを伸ばしたりする。つまり，公的機関や商売に広く活用されている。

　ナッジというのは肘のことである。ナッジ理論とは，肘でつっついて他の人の行動を誘導することを指す。方法としては，金銭的なインセンティブを与え誘導する，情報を提供してインセンティブを与え誘導する，そしてこの2つの行為を組み合わせてインセンティブを与え誘導するなどさまざまである。これらの与えられたインセンティブによって，時に人は誘導されるがままに行動してしまう。

　例えば，先行の著書やHPで紹介されている例を挙げてみよう。

　セイラー教授が挙げた例である。2012年ハリケーン・サンディという超大型の台風がニューオリンズを通過したことがある。ニューオリンズの町は壊滅状態になった。この時，事前に避難するように呼び掛けても，家を守りたい人たちはそれに耳を貸さず，家から避難しなかった。避難警報が出ても家に残りたい人が多くいるのは日本でも見られる。人間

の持つ心情なのであろう。アメリカのナッジはすごい。そこで，そういう人たちに油性ボールペンを渡して回ったそうだ。その際の言葉が「腕に社会保障番号を書いておけば死体になった時わかるので記入してほしい」だそうだ。家にいることに対してより具体的に危機感を促した（ただし，このナッジが効果をあげたとはセーラー教授は言っていなかったが……）。

●───── ②海外の例

　フィナンシャルプランナーの内山貴博（2019）が挙げている例も面白い。代替報酬という概念についてだ。見返りの報酬がもらえることにより人が行動を変えるというものである。

　スウェーデンの例である。階段とエスカレーターがあれば，人はおのずとエスカレーターを利用する。楽だからだ。隣の階段には「健康のため階段の利用をしてほしい」と書いたところでそちらを使う人は極端に少ない。将来の健康よりも，人はエスカレーターという目先の楽さを選ぶ。双曲線の理論（将来の出来事については，その時の実際の評価より現時点でのその評価が低くなる）で，人は，将来の効用を低く見積もる傾向があるからだ。ところが，「階段にピアノの鍵盤をデザインし，歩くとピアノの音が鳴るようにした」ところ，階段を歩く人が増えたという。階段を歩くことに興味が湧いたからであろう。この鍵盤で音が出る楽しみが目先の報酬の代替報酬にあたる。現在の楽しみがエスカレーターの楽さを上回ったのである。筆者としては，一度に大勢の人が歩いたらどうなるかが心配だが，おそらく和音になるのかもしれない。鍵盤や和音のことはともかく，毎週階段を踏む際の音を変えたら人は楽しむのではないか，なぜならば楽しみという代替報酬がさらに大きくなるか

らだと，筆者は考える。

　もうひとつ，スウェーデンの例で挙げられているのが，公園のゴミ箱の話である。公園にリサイクルのゴミ箱があった。それは十分に機能していたわけではなかった。そこで，その中にごみを捨てると「ヒュー」という音が鳴るように細工したそうだ。すると，回収量が2倍になったと言う。「ヒュー」という音を聞くのは楽しいし，社会に役立ったような気にもなる。こうした気持ちが，ここでの代替報酬にあたり，ごみの回収を倍増させたのである。

　八間川結子（2017）や脚注参考文献[*2]には政府の行ったいくつかの成功例が載っている。まずアメリカの例として，カリフォルニア州で隣人が省エネを行っているというチラシを配ったそうだ。その結果，それならうちもやろうということで，省エネ意識が広まったとのこと。身近な情報の提供が省エネ意識を高めた好例である。

　次にイギリスの例である。イギリスでは，2010年に政府が「ナッジユニット」というチームを発足させた。

　2011年の税金徴収率アップの取り組みが有名である。14万人の税金滞納者に対して「あなたが住んでいる地域のほとんどの人が期限内に納税を済ませています」という正確なデータのついた手紙を出した。催促状のような強制力のある文書を受け取った滞納者よりも，この手紙を受け取った滞納者の方が納税率が15％高かったという。

　イギリス政府（前エネルギー気候変動省）は，実験を行った。電気料金プランの変更を促すメッセージを消費者に送り，その反応（HPへのアクセス数）を検証した。「電気料金プランを変更することで，約200ポンド電気料金が節約できます」というメッセージと，「電気料金プランを変更しないことで，約200ポンド損をしています」というメッセージを消費者

に送った。前者は「儲かる」と強調し，後者は「損する」ことを強調した。結果は，後者の方が前者よりも最大で70%もアクセス数が多かったとのこと。前述した損失回避性が働いたといえよう。

●────③地域活性化の指針

　地域活性化にナッジを利用するとしたら，お客の目に自然と入り，それを購入したくなる仕掛けをつくればよい。例えば，地域のパンフレットに，村長のおすすめプランといって大きく掲載すれば，そこの地域の責任者が推しているということがわかり，何かあると興味を持つであろう。あるいは，その地域で一番きれいな景色を大々的に載せるのも人の目を引く。つい行ってみたくなる。食事もおいしそうな写真を載せる。これらはどこでもやっているというならば，より一層その写真や言葉に工夫をするとよい。健康に良いとか想い出に必ず残るとか，メッセージ性の強いものがよいかもしれない。観光客の一人ひとりに宣伝をするのは大変なので，パンフレットで自分たちが体験してもらいたいと思うことをうまくナッジすればよい。

2　政府の例

　財政の赤字をカバーする目的での消費税率を引き上げるのは経済を落ち込ませる政策になりかねない。1989年には3％の導入，1997年には3％から5％への引き上げ，2014年には5％から8％への引き上げが実行された。それまでの消費税率の引き上げでは，消費税率の引き上げ直前に買い物客が殺到し，その反動で消費税率引き上

げ後は消費が冷え切ってしまっていた。消費税率引き上げ後の高値での買い物リスクを避けようという損失回避性の消費行動が現れた結果，不必要なものまで買ってしまい，消費税率引き上げ後に消費者は買い物を控えてしまっていた。しかも，当初は財政赤字埋め合わせのためという名目がわかりにくかった。後に政府もわかりやすく言い換えて，将来の世代に借金を残さないためという名目で行った。にもかかわらず，やはり国民にはピンとこなかった。この目的だと，誘引される行動が何もないので，消費税率の引き上げによって財源を確保するという単純な目的だけで，他の目的がどう達成されるかが明確に受け取られていなかったのであろう。

2019年10月の消費税率の引き上げ（10%への引き上げ，および軽減税率の導入）時にはナッジの手法が活用された。政府も学習したせいか，この時にはナッジ効果を政府が巧みに活用したように思われる。以前のマスコミでは，駆け込み消費をあおる記事や番組ばかりだったが，この時には駆け込み消費を薦める記事や番組はごく一部に過ぎなかった。

キャッシュレスで購入した人には5％のポイントを還元するという制度も同時期に開始された。税率の2％のアップよりも大きい還元率5％であるから，消費も落ち込まないであろうという工夫である。通常，プロスペクト理論の損失回避行動により，得をするよりも損をすることを恐れて人は行動する。政府が，損する2％よりもずっと高率の5％の還元を実行したことで，消費者の「儲かりたい」という心理を「損をしたくない」という心理に勝たせようとしたのである。すなわち，代替報酬を高額に設定したことで，プロスペクト理論を働かなくしたのである。ナッジを利用して，購買意欲が増すように誘導したのである。だが，残念な結果になった。実際には10～12月期のGDPの年率換算での

成長率はマイナス約70％になった。やはり「損をしたくない」という損失回避行動が政府のナッジに勝ってしまったという結果になった。

　消費税率引き上げの他に政府が行ったナッジは、3〜5歳保育の無償化であった。これは明らかに出生率向上を誘導しようとしている。日本の少子高齢化は深刻化している。同時に出生率が低下している。つまり、人口が少なく高齢者ばかりが多い社会が差し迫ってきている。政府は子どもを増やす政策を考えなければならない。政治家が、「（女性の）お子さんやお孫さんにぜひ、子どもを最低3人くらい産むようにお願いしてもらいたい」という発言で大きく批判を浴びたことも記憶に新しいが、子どもたちを増やしたい思いが根底にあったのであろう。2019年の消費税率引き上げの理由のひとつとして3〜5歳保育の無償化をうたったのは、そうした批判を矢面に受けずに、出生率の向上を目指す方策といえる。

　かくして、新しく登場した行動経済学の理論に基づき、国民をうまく誘導しようと試みている。各国の中央政府、地方政府が成功してきたやり方を本格的に日本も導入し始めているのである。心理学では、実験の意図をまったく知らない被験者に対して実験しないと公正な結果は得られない。まだ、国民も行動経済学に基づいて動かされていることに気づいていない。それに気づいた時、政府の手法が成功し続けるかどうかは定かではない。

● ①地域活性化の指針

　ナッジのオーソドックスな方法は、何かしらの行動にポイントをつける、ポイントを還元するという方法となろう。前述の消費税率のアップ後の

ポイント還元政策も，政府が編み出した方法である。それだけナッジは経済を活性化させるのに重要な手法なのである。

　地方が地域活性化を行う際のナッジとしては，漫画，ドラマ，映画，小説の舞台にしてもらうという方法もある。架空の世界，架空の地域でない限り，どこかの地域が舞台となる。その話を見たり読んだりし，関心が深まれば，話の主人公を思い浮かべながらその舞台となった地域を見たくなる。思い入れができるからだ。そうすると，実際にそこに旅行をする。まさに地域が活性化される。

　フィルムコミッションで映画やドラマの撮影を専門にする地域が出てきている。映画だけでなく小説の舞台になることも重要である。かくいう筆者も，学生時代に五木寛之氏の『青春の門』(1975) を読んで九州の福岡の炭鉱地域に思いをはせ，ひとりで旅行をした。のちに北九州にある大学に赴任し，ゼミ旅行などでいつも通る地域となったが，同じ地域でも，思いをはせながら通るのとそうでないのは印象が大違いである。また，松本清張氏の『点と線』(1958) を読んでその犯罪の舞台となった福岡県の香椎に関心があり，その大学に勤務した時は香椎に住んだ。

　このように，漫画，ドラマ，映画，小説の舞台にしてもらい，その地域に人が導かれるようにするのはひとつの方法である。

3　お店の話

　前述のように，金銭的なインセンティブ，情報提供でのインセンティブを与えることによりお店は消費者の財布の紐を緩めようと努める。

　まず，金銭的なインセンティブを与える例を挙げてみよう。ポイント

が付くということで買い物をしてしまう消費者は多いのではないだろうか。毎月10日はポイント5倍セールと銘打たれると，10日にそのお店に行った人はついついたくさん買ってしまう。また，他のお店には行かずあえて10日にそのお店に行って目的のものを買うなんてこともあるであろう。テレビなどでは，「ポイントの達人」と称した人がこれを宣伝してくれる。お店の誘導に乗せられてしまっているのである。政府でのポイントの有効性と同様である。

　次に，情報提供で購買のインセンティブを引き出す方法について触れてみよう。いい匂いがするとその匂いにそそられてレストランに入ってしまう。デパ地下でいい香りがする総菜を買ってしまう。また見た目にもそそられる。雰囲気にも惹き付けられる。イベント色で飾られて，いかにもおいしそうにデコレーションされたお菓子が置いてあれば買ってしまう。また，お客の目線を考えて見やすいところに商品を並べておくと，その商品が売れる割合が高くなる。このように，お店側の工夫により，お客は誘導されてしまっている。お店側は強制的に買わせるのではなく，お客の心を買いたいという気持ちに誘導して，実際に支出を促しているわけである。お店は購入意欲を駆り立てるような情報をうまくお客に伝えることで，消費行動を誘発している。

● ──── ①地域活性化の指針

　大繁盛するというのは，一店舗の力だけで成すのは難しいかもしれない。他の店との協力，地域の人たちの支え，自治体のサポートがあって初めて繁盛する。エゴ的に自分だけ儲かればよいということにはならない。コンビニも一店舗がぽつんとあるよりは，ライバルでありながらも

数店舗が集まっていた方が繁盛する。デパートも隣同士に並ぶように建っているが，一軒ぽつんとあるより繁盛する。ファストフードのお店も，同じようなお店が国道に乱立しているが，そのどれかを目当てにお客がやってくる。それと同様，同じ地域でも，お店同士が切磋琢磨し競合しあうとともに，かつ協力し合うことにより，同時に繁盛しうる。一軒だけ良ければよいというのは，結局その一軒のためにもならない。

　そのためには，その地域に人が来るような工夫が必要である。前述の，ポイントで人を呼ぶ，においで人を呼ぶ，雰囲気で人を呼ぶ……，を地域一体となってやることが望ましい。ナッジの手法として（前述のポイントに関して）商店街共通のポイントカードがある。それがお客にとって魅力的なものであれば皆がやって来よう。商店街の雰囲気が廃れた感じではなく，にぎわっているイメージになれば多くの人がやって来よう。商店街だけでなく，地域全体でもそうであろう。地域全体の雰囲気が魅力的ならば人は集まるであろう。

　このようなナッジで多くの人を誘引するには，何と言ってもそこにかかわる人たちが協力しあうことが重要である。それでこそ，ナッジの力も増幅されるのではないだろうか。

●──────②地域活性化の例

　岐阜県の中心部に美濃市がある。美濃和紙で知られている町である。かつての市長石川道政氏の時代（1995～2013），大きな町の構造改革を行ったことがある。構造改革といっても，近代的な町づくりを行ったわけではない。逆に，古い街並みを取り戻したのである。今や，大分県豊後高田市をはじめ，埼玉県川越市なども古い街並みを再現

して集客している。この美濃市も古い街並みを再現したことで地域の活性化に成功した地域であった。

　古い町並みの再現は，地域の雰囲気を醸し出す。「古さを見よう」「古いものは今見ておかないと新しいものに取って代わられてしまう」というナッジで観光客を呼び込むことができる。古い街並みを見たいというノスタルジーで人はそうした観光地を訪れる。全国のさまざまなところでこの「郷愁」というナッジが集客を呼び起こしている。

　美濃市はいち早く古い町並み再現に力を入れた。町には，"うだつ"のある家が並んでいた。"うだつ"というのは，火事の際延焼や類焼を食い止めるための壁で，隣接する家の1階と2階の屋根の間に仕切り，小屋根を作ったものである。こうしておけば，火事の延焼を防ぐことができる。「うだつが上がらない」という言葉をよく聞くが，貧乏だとこうしたう"うだつ"を作ることができないことに由来している。

　美濃和紙の豪商の家が立ち並んでいた美濃市も，その魅力に気が付いている観光客もそう多くなかった。石川市長時代，こうした豪商の家の街並みを整備し，「うだつが上がる街並み」と称した。それ以降，美濃市のその街並みは名を馳せ，多くの観光客を呼び込んだ。人にノスタルジーを感じさせるというナッジであった。

4　ナッジに打ち勝つために

　今や政府や企業の間でナッジは大流行である。国民やお客を自分の思った通りにコントロールできれば万々歳である。強制することなく，自分の手中で国民やお客を動かす。ナッジを大いに活用している。

　だがそれでは，国民は政府に誘導され，そしてお店に誘導されて不

本意にお金を使わされるという立場になる。それで良しとするかそうでないとするか。良しとする人はそれでよい。しかし，催眠術にかけられた行動をすることに疑問を持っている人はどうすればよいのか。

例えば，悪徳商法や詐欺などは優しい顔をして近寄ってくる。「今日までの限定」「今だけ得をする」「あなただけ」「今でないと危ない」，こうした言葉はまさに行動経済学のこの本で出てきた概念ばかりである。「今でないと危ない」に至っては，損失回避の気持ちを煽っている。じつは，ナッジなどの行動経済学が登場して政府などが活用しようとする以前から，いやもっと昔から悪人たちは行動経済学をうまく利用して犯罪を行ってきたのである。警察や自治体が，「危ない，危ない」といっても被害者は出てしまう。消費者心理を操るようなナッジが悪用されると非常に困るのである。昔「鉄人28号」というアニメがあった。操作機械を持っている人により鉄人28号は正義の味方になったり悪の味方になった。行動経済学も，使う人によって正義の味方にも悪の味方にもなりうる。

53頁の脚注「*1」で，「働きアリの法則」を紹介した。働きアリのうち8割は働いているが2割は働いていないという。だからといって，働いていない2割をはずすと，また残った集団で2割が働かなくなるという。ここでの発想は逆である。逆に，働いている8割の方を取り除くと，働いていなかったはずの残った2割の集団のうちの8割が働きだすという筆者の見解である。そこでも，働いている8割を取り除くと，その残った，さぼっていた2割のうちの8割が働きだす。これが続いていき，全員が働く方に限りなく向かっていく。この例は，アリではなく思考力を持つ人間にもあてはまるであろう。人間は賢いし，心も持っている。自分の役割に気づけば頑張るようになる。政府はこの特性を

活用して社会を良くしていけるはずである。

　ナッジを仕掛けたからといって，100％の人が同一の行動をとるということはない。ここでも働きアリの法則を考える。例えば，ナッジに8割の人が従うとする。2割の人が従わない。その2割を排除すれば，8割のうち，学習しはじめてそのうちの2割は従わない。その2割を排除すると，残った8割のうちやはり2割が従わなくなる。これを繰り返していくと，ナッジの手法を覚えて従わなくなる人は自然と多くなってくる。

　ナッジがかからなくなるということは犯罪対策には適している。だが，国民やお客がナッジ効果を学習してしまうと政策や営業にとっては困ったことでもある。政府は本腰を入れてナッジを導入しているし，企業の営業もナッジを活用している。消費者がそのナッジに気づいてしまうと効果がなくなる。行動経済学のナッジの手法も日々進化させていく必要があろう。

5　ナッジの必要性

　災害被害を食い止めようとするためには，やはりナッジが重要だと思われる。現行の日本において何かを強制させるというのは難しい。コロナ禍の時でさえ，政府や自治体は自粛要請は出せたものの一般の人たちに強制まではすることができなかった。

　災害の時なども同様である。2019年10月に日本を襲った台風19号は，心配されていた暴風ではなく，大雨によって甚大な水害被害をもたらした。千曲川や多摩川など大きな川の土手が破れ，洪水被害が多く見られた。うちだけは大丈夫，もしかしたらと心配だが，とりあえず家にいよう，などさまざまな心理が働き，家に残ってしまう人も多い。

まさか自分のところが被害を受けるわけがないという気持ちもあるであろう。そのうえに、天気予報が流してきた強風、暴風ではなく、実際は大雨という現象が起きて大きな被害が出てしまった。洪水が襲ってきて多くの死者が出てしまった。

せっかく天気予報という番組があるにもかかわらず、ナッジ効果を働かせることができなかった。天気予報が、ひとつの情報に基づいて「気をつけろ」を連呼していたが、マンネリ化し、本当の恐怖を伝えきれず、ナッジ的役割を果たせなかったのだろう。それは今も続いている。

あとになって「避難がなされていれば犠牲は少なかった」ともっともらしいことは言える。だが、危険かどうかわからない状態で、避難を選択するというのは非常に難しい。

災害時にナッジをうまく活用する方法を編み出さなければならない。前述のセイラー教授があげたように、ハリケーンの際、社会保障番号を体に書いておくように言われたら、恐怖心が煽られる。それは確実に被害を被ることを明言したわけでもない。次にやってくる台風の怖さを伝える意味においても上手なナッジである。

日本の災害防止のパターンがマンネリ化していて、思わぬ災害に対応できない。「避難所に避難しろ」「注意しろ」「外に出るな」ということを連呼するだけでなく、ナッジの手法をうまく使い、多くの人を避難に導けるようにしたい。また、その時々の災害で、想定外のことが起きた時も人々が助かるようなナッジの手法を考えるべきである。

6　地域活性化の指針——危機管理とナッジ

ありきたりの言い方、抽象的な言い方だとナッジが効かないというの

は既存研究により実証済みである。その地域にあった具体的な警戒の伝達が必要になる。

　危機管理の専門家が，地震の時はまずは自分の身を守ることが第一と言っている。東日本大震災の時など，大きな津波に巻き込まれないためにもまずは自分が逃げ切ることが重要だった。

　他方，千葉県浦安市も，東日本大震災の際，大規模な被害を受けた。だが，津波ではない。液状化といって，埋め立て地の地面から水が噴き出し，地面が沈む被害である。均等に沈んでくれればよいが，そんなわけはない。家やインフラは傾いてしまった。道路にも砂が噴き出し，交通も不便になった。

　こうした被害の場合，自分が逃げればよいというものではない。道路から砂が吹き上げる中，逃げる方が危ない。危機管理の専門家が想定していた被害状況とは異なっていたのである。

　従って，危機管理の心構えについても実際は地域ごとに異なる。地域ごとの災害の種別によって避難の仕方も異なり，危険度も異なるのである。よって，ナッジの方法を使うとしても，一律ではなく，地域ごとに異なる仕掛けを用いることが好ましい。ニューオリンズのハリケーンでは，社会保障番号を体に書いておけと指示されて住民が震え上がったように，ハリケーンで死ぬ可能性がある時のナッジは過激だった。津波の被害が予想される地域のナッジ，液状化の被害が予想される地域でのナッジは異なるはずだ。また，災害ごとにナッジの方法は異なるはずである。ということは，地域ごとにナッジの専門家を育てておき，日頃から災害に対する，地域ごとのナッジの研究を行っておくことも必要であろう。ナッジの専門的知識を持つ人たちと危機管理の方法を共有しておくことも重要である。

7　ナッジの地域活性化の例──千代田区の例

　屋外で地域の小学生に販売実習をさせた際には，いつの間にか親が見学して，そのお店で購入していく。買うように仕向けなくても親が購入するため，一般の人の購入と合わせると相当な売り上げが期待できる。

　これは千代田区や浦安市での実例である。小学校の総合学習の時間に筆者のゼミ生が小学生にマーケティングの授業を行ってきたその集大成として，地域3カ所で野菜を販売した時の話である。小学校前，商店街，大学前の3カ所で嬬恋村産を中心とした新鮮野菜の販売体験を行った。小学生は値段の付け方，商品陳列の方法，会計などについて大学生から学び，実際の販売を行った。ここで思わぬ現象が起きた。前述のように，子どもたちの親は最初は遠巻きで見学していたのだが，少ししたあとに実際に購入を始めた。その結果，地域別の売り上げ自体の差異の勉強はできなかった。どこも完売だったからだ。

　しかし，新たな発見があった。この現象を見ると，地域での子どもの活動には親が付随するので参加者は倍増する。しかも，消費を実行するのでお金が動く。お金が動けば地域が活性化される。子どもの声にナッジされ，親の経済活動が活発化したことに他ならない。

　各地域にも応用できる方法である。子どもの活動に誘われて親も行動するこのナッジの活用方法は可能性が広いかもしれない[*3]。

註

*1———— 白井均＋リチャード・セイラー「行動経済学とテクノロジーは社会課題にどう
　　　　向き合うか」(Newspics, 2018) https://newspicks.com/news/3259640/body/
　　　　(2021年10月25日確認)

*2———— 「ノーベル経済学賞セイラー教授の『発明』　行動経済学で人の心を操る現代
　　　　の魔法『ナッジ』とは何か」(『Courrier Japan』2017.10.10) https://courrier.jp/
　　　　news/archives/99941/?ate_cookie=1570572185(2021年10月25確認)

*3———— 「子どもを出しに使って親を引き出す」と言えば聞こえは悪いが，このことによって
　　　　傷ついて損をしている者はいない。

総合的な地域活性化の例[*1, 2]

1 　礼文島とレブンアツモリソウ

　損失回避の応用として「行って得しよう」と訴えるより「行かないと損を する」と訴えた方が効果的であると知られている。これは例えば希少植 物などの「今でなければ見られない」というようなケースに当てはまる。

　ここではレブンアツモリソウという植物（絶滅危惧種）を例にする。レブ ンアツモリソウはラン科の多年草であり，礼文島という北海道北部にあ る離島の固有種である［**図8-1, 2**］。北海道の天然記念物に指定され ているだけでなく，絶滅危惧種（IB類）にも指定されている。地域の観 光資源にもなっているレブンアツモリソウは，北海道の北部にしか自生 していないことから希少とされている。さらに，この礼文島は北海道稚 内市の港から約2時間かけてフェリーで渡るか，もしくは札幌市から礼 文島の南にあるもうひとつの離島（利尻島）まで飛行機で行き，そこから フェリーで向かう方法しかない。つまり，必ず海をフェリーで渡らなけ ればならない，秘境ともいえる地である。しかも，レブンアツモリソウ の開花時期が1年のうち2カ月足らずである。毎年開花数が減って いる［**表8-1**］。はかなさ，希少さが伝わってこよう。

　ゼミ生が2019年度にレブンアツモリソウを活用した礼文島活性化案 を研究した。礼文島を訪れる観光客550名にアンケートを行った結果， ほとんどの観光客がレブンアツモリソウ観賞を目的に礼文島を訪れるこ とが判明した。それと同時に，レブンアツモリソウ自生数は長期的に減 少傾向であることが，林野庁の調査からわかった。また，観光客以外 の一般人300名にもインターネットでアンケートを行い，観光客と一般 人におけるレブンアツモリソウ認知の差などについて統計的比較分析 を行った。

［図8-1］礼文島の海

写真：土居拓務*3

［図8-2］レブンアツモリソウ

写真：土居拓務

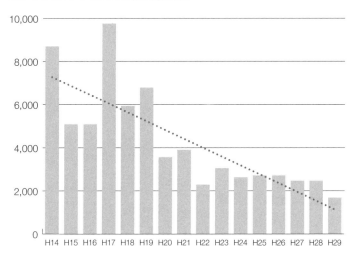

[**表8-1**] レブンアツモリソウの推定開花本数

作成：鈴木弥来＋新倉寿人＋宮本優輝「「木のない森林づくり」による経済ロジック〜自然保護と観光効果〜」
（平成30年度北の国・森林づくり技術交流発表会, 2019）の計量データを基に筆者作成

　礼文島でレブンアツモリソウを見損なうことは，次の2つの損失に
繋がっている。

| 第1段 | 人生で一度は花の浮島「礼文島」に行かないと損をする。 |
| 第2段 | 礼文島に行ったのであればレブンアツモリソウを見ないと損をする。 |

　礼文島がいかに秘境の地であるかは先述のとおりである。いくらイ
ンターネットが普及した世の中であるとはいえ，現地に足を運ばないと
得られない感動がたくさんある。礼文島は別名，花の浮島とも呼ばれ，

希少植物もレブンアツモリソウに限らない。300種類を超える高山植物を海抜0mの地点で見ることができる。このような島が存在することを知ったのであれば，人生で一度は行かないと損をするのではないだろうか。

　第2段階として，礼文島に行くのであればレブンアツモリソウを見たい。観光客の大多数はレブンアツモリソウ観賞を目的にしているという研究結果は先に触れたとおりである。せっかく礼文島に行くのであれば，レブンアツモリソウを見られないのは損をしていると言わざるをえない。レブンアツモリソウが咲いているシーズンは5月から6月のわずか2カ月であり，期間は短い。さらに，レブンアツモリソウは長期的に減少傾向で推移しており，絶滅も危惧されている。そうであるならば，より一層見ておきたい。

2　　　観光客を増やすための提案

　ところが，前述の調査結果によると，観光客のうち67％の人がレブンアツモリソウの存在を知っていたのに，観光に来ていない一般人は20％しかその存在を知らなかった[**表8-2**]。

　このように，レブンアツモリソウの知名度は低く，せっかくの貴重な花が一部の人たちにしか知られていないので，観光客が増えないことが考えられる。損失回避の原理が働く以前の問題である。そこで，どのような宣伝方法を用いれば観光客がレブンアツモリソウを認知して興

[表8-2] 「レブンアツモリソウを知っているか」についての回答

	観光客(人)	一般人(人)
「知っている」	362	50
全体の数	538	300

作成:水野勝之

味や関心を示すかについて，行動経済学理論を基に考えてみよう。
以下の行動経済的手法①～④を紹介しつつ提案したい。

●————①損失回避を利用したレブンアツモリソウPR

　これは前述のとおり。レブンアツモリソウをPRした礼文島地域活性
化(観光客を増やす)には，「行って得しよう」と訴えるより「行かないと損
をする」と損失回避に訴える方が効果的なPR手法であると思われる。
この損失回避の心理に訴えるかたちで，レブンアツモリソウの咲く時期
が5～6月の短い期間であることを人々に伝える。それを見損なうと大
きな損失であることを伝える。人は損失回避のための行動をとりたくな
る。つまり，レブンアツモリソウを見学する観光客が増えることになる。

●————②ウィンザー効果を利用した礼文島PR

　前述のように，ウィンザー効果とは，人は，関連している人から直に
言われるよりも，その案件とは関係ない第三者から言われる方がその
言葉に信頼性が増すという心理である。礼文島観光やレブンアツモリ
ソウのレビューについてもホームページサイトや雑誌等に載せ，沢山の

人の声をより多くのその他の人々に伝えることが効果的と言える。

●────── ③心理的リアクタンス効果を利用した観光誘引

　人間の持つ反発精神（心理的リアクタンス効果）を利用して礼文島への観光を誘導する手法も考えられる。「レブンアツモリソウは絶滅が危惧される繊細な植物のため本当に興味がある人しか見に来ないでください」というような宣伝方法が考えられる。「花（レブンアツモリソウなど）に興味がある人だけに来てほしい」「自然に関心がある人のみに訪れてほしい」というように，それに該当しない人を排除するかのような誘い方をすることで，礼文島やレブンアツモリソウへの興味関心を引き寄せる手法である。

　礼文島監視員のひとりが話していた「あえて礼文島についての情報を外部に一切出さない」ことで「興味のある人は直接訪れる。結果として人を集めることになるだろう」という言葉（平成30年6月）は心理的リアクタンス効果を利用したPR手法と言える。

●────── ④バーナム効果を利用した礼文島PR

　バーナム効果は誰にでも当てはまるような言葉を用いることで「自分が対象者である」と感じさせる手法である。例えば，「自然を感じて気持ち良いと思う人」は多くの人が該当するであろう。このバーナム効果を利用して「自然を感じて気持ち良いと思う人は，ぜひ，礼文島へ!!」という宣伝広告をしたとすれば，多くの人が「私は礼文島に行く対象である」と感じるであろう。こちらは③の心理的リアクタンス効果とは反対

の手法であり，オーソドックスな宣伝手法とも言える。

　以上，レブンアツモリソウPRを行い，興味関心を高め観光客を増や
す提案を行動経済学に基づく手法を踏まえて考察した。ここでは，損
失回避，ウィンザー効果，心理的リアクタンス効果，バーナム効果に基
づく案を考えたが，他にもさまざまな案が考えられるであろう。今，多
くの地方自治体が観光業に力を入れているが，はたしてそれらの手法
は効果的と言えるだろうか。もしかしたら行動経済学理論と結び付け
たPRが有効かもしれない。PR手法について，改めて考え直すことも
必要であろう。

註

*1──────川崎功瑛「行動経済学をマーケティングに劇的に活かす21の方法」https://
okugoe.com/behavioraleconomics/（2021年10月25日確認）

*2──────土居拓務＋水野勝之＋橋本周弥＋室岡修平「レブンアツモリソウ活用による礼
文島活性化に関する考察」（情報コミュニケーション学会第17回全国大会報告
論文）

*3──────礼文島観光協会彩北航路フォトコンテスト2017受賞作品より引用（写真：土居
拓務）

ミクロ経済学と疑義[*1]

1　　市場

1　経済主体とは

　経済社会では，消費者，企業が活動している。消費者は生活のためにお金を使う。消費者といっても，大人ひとりの支出というより，その家族全体の支出に目を向けなければいけない。人は家族が生活するために支出を行うからだ。経済学では，その単位を家計と呼んでいる。買い手としての存在である。他方，企業は，消費者や他の企業のために商品やサービスを提供する。そのための生産活動を行っている。売り手としての存在である。

　経済社会の中でお金を使うのは消費者，企業だけではない。消費者と企業だけに経済社会を任せておくと，道路などのインフラを造り管理する人がいない。政府の存在が経済社会には不可欠である。

　このように経済社会でお金を使ったり得たりする家計(消費者)，企業，政府などの基本単位を経済主体と呼ぶ。ミクロ経済学では，こうした経済主体がどのように経済活動を行うかを分析する。

2　完全競争市場

　いざ経済分析を行おうとする時，まったくの無条件で分析しようとすると混乱するだけである。いくつかの条件を設定した中で，経済主体がどう行動するかを分析しなければならない。例えば，企業がたくさん存在するケース，企業が数社しか存在しないケース，企業が1社し

小仔仕しないケースなど前提条件が異なれば，あなたが経営者の場合それぞれのケースに応じた行動をとることになるであろう。経済分析においても，こうした条件設定をしたうえで，家計や企業の経済行動を分析する。

　経済学で通常の条件として設けられているのが，完全競争市場の仮定である。ここで市場は「いちば」ではなく「しじょう」と読む。商品などの財やサービスを売り買いする場ではあるけれど，実際に決められた場所があるわけではなく，抽象的な場所で取引されることを想定するものである。もちろん完全競争以外に，前述の独占市場，寡占市場などの市場も存在する。経済学では，これらの市場別に消費者や企業の経済活動を分析するという手法をとる。

　では，完全競争市場とはどのような市場であろうか。従来の経済学では，完全競争市場には，以下の5つの条件が想定されている。

◉─────①売り手と買い手が多数

　市場には多数の生産者と消費者が存在する。この条件を「原子性」といって原子の数のように例えられることもある。それだけ市場に無限とも解釈できる経済主体が存在することを想定している。

　消費者にしても企業にしても，それぞれが無数に存在するので個々の行動は他者に影響を与えない。需要と供給の一致するところで唯一の価格が決まる。この時のすべての企業はプライステイカーと呼ばれる。自分で価格を自由に決めるのではなく，市場で決まった価格で販売することになる。消費者側も価格を受け入れるしかないプライステイカーである。やはり，市場で決まった価格でその財またはサービ

スを購入する。

●————②**財やサービスはすべて同質である**

　すべての商品やサービスは同じ商品である限りまったく同じである。マッサージも，どこのお店に行っても，どの施術者にマッサージしてもらってもやり方も内容も，気持ちよさも同じである。インターネットショッピングのホームページで，ミカンならばそこに載っている何百というお店のどのミカンも味が同じである，送ってきたあとの腐り方の進度も同じであるということになる。つまり，一切の差別化がない。こうした性質を同質と呼ぶ。

●————③**情報が完全である**

　すべての消費者や企業は財やサービスのすべての情報を知っている。内容，大きさ，価格，長持ちの程度等すべての情報を知っている。特に，どのお店で買っても価格は同じなので，消費者はその財の価格を知っている。企業も他のお店が売っている価格を承知している。それに合わせて価格を設定する。

●————④**自由に参入・退出できる**

　すべての企業が市場に自由に参入・退出できる。鉄道だったら広大な土地と敷かれた線路を持っていないと参入できないが，この仮定では，製品を製造する際，莫大な設備投資等を必要としたとしても，

すべての企業が容易にその市場に参入できるとする。また，やめる時も，いつでもその市場から自由に退出できる。

●――――⑤平等な技術を有する

　すべての商品が同質であるということは，すべての企業がそれを作る技術を持っているということである。製造技術をすべての会社が無料で見て知ることができる。その技術を活用してすべての会社が同レベルの製品を生産できる。公平なアクセスともいう。

　このような内容が完全競争市場であり，このような市場であることが経済学では仮定されている。

考えるべき点

　これは非現実の世界であると感じた読者も多かろう。

　完全競争市場でまず重要な概念は，売り手（企業，生産者，販売者）も買い手（消費者）も多数存在し，「売り手も買い手もプライステイカーである」ということである。だが，われわれが目にする企業または売り手には，大企業もあれば，中小企業，個人事業者など，大小さまざまである。日本経済をリードする大企業は自分で価格を設定できているように思う。中小の飲食店は，近所よりも高くするとお客が来なくなるので他の店の価格に合わせている，つまりプライステイカーの性質が強い。価格を受け入れているか，それとも自分で決めているかは，現実ではさまざまである。

第2の財の同質性についても，同じ商品だからまったく同じということもありえない。ブランドや産地によって特性を持ち，当然価格も異なっている。○○製菓のチョコレートが好きだ，いや自分は××製菓のチョコレートが好きだというように，チョコレートさえも同質ではない。ラーメン屋にいったら日本中どこのラーメンも同じ味だったなどということはない。現実には，財やサービスが同質ということはない。

　第3の情報の完全性についても，消費者や生産者が世の中に出回っている商品に関する情報をすべて知っているということも，現実にはありえない。卵をその日に買いたい消費者が，朝からその日の新聞広告を網羅し，インターネットで卵の価格について情報を集めるなんてことはありえないであろう。卵以外にも買わなければならないものはたくさんあるので，そういう作業をすべての商品について行うのは不可能である。

　自由な参入・退出についても容易ではない。後発企業が先発企業が作っている商品を作ってそれを卸したくても，特別な関係でもない限り取引してもらえない。たとえ店頭に並べてもらったとしても目立つ位置には置いてもらえない。そのような中，その商品で参入していくのは至難の業である。退出についても，機械設備などの資本に投資をしてしまっているわけだから簡単に提供している商品をあきらめるわけにはいかない。リンゴ農園が今年でリンゴの生産と提供をやめて翌年からミカンを作り，市場に出せるかというと出せるわけがない。このように，現実には参入，退出は難しい。

　平等なアクセスについて，他企業の技術を無料で簡単に使え

るかというとそうではない。多額の研究投資を行って開発した技術は通常は公開されない。技術を持っている企業が特許を持っているわけで，技術を手に入れるのは容易ではない。研究開発競争が激しいのも知っての通りである。どこも，企業秘密の製造技術を持っており，あるいは企業独自の製造技術を持っている。日本全体の同じ産業を発展させるため，2019年4月にトヨタ自動車がハイブリッド車関係の特許技術を無償で提供した例があったが，自社が開発した技術を公開することはごく稀である。

　現実社会で完全競争市場に近い市場というと，農林水産業であろう。オーガニックな生産の時代ではあるが，今でも大半の農家も漁業者も林業家も同質なものを生産している。ただ，多くの農林水産業関係者が商品のブランド化，差別化を進めようとしているので，今後流れは変わってくるかもしれない。

3　市場の取引

　需要量と供給量が等しい状態で売り手と買い手の取引がなされる。

　グラフを用意した［**図A-1**］。縦軸に価格，横軸に数量をとって，ある財の需要曲線と供給曲線を描いた。価格が高いと需要量が少なく価格が低いとそれが多くなるので需要曲線は右下がりになる。価格が低いと生産者は供給量を減らし，価格が高いとそれを増やすので，供給曲線は右上がりとなる。需要曲線と供給曲線の交点Eで取引がなされる。この交点が市場均衡である。

[図A-1] 市場均衡

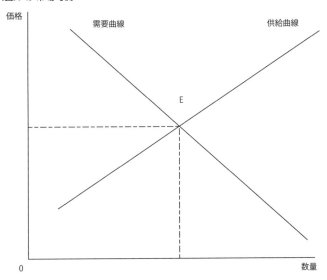

作成：水野勝之

考えるべき点

　今や需要曲線と供給曲線に疑問が出されている。

　まず，第1の疑問は，需要曲線と供給曲線が存在するのかということだ。需要曲線について，消費者がそんな正確な心理状況になるのかどうかについて疑問が出ている。われわれがスーパーマーケットに行ったとしても，安い時に買う，高い時には買わないという行動を正確にとれるかどうかわからない。供給曲線にしても，価格が高いと供給量を増やし，価格が低いと供給量を減らすというが，そもそも現実には企業の価格の設定は企業が行っ

ている。市場価格がこうだからそれに合わせるという，完全競争で仮定したプライステイカーではなく，かかった費用がこれこれだから価格をそれに何％上乗せしようという姿勢である。これではここで説明した通りの供給曲線は存在しなくなる。

　第2の疑問は，供給曲線が右上がりとは限らないことである。費用逓減産業という存在がある。最初に巨額の投資をするため，なかなか採算が取れない。実際には最初の投資の段階で補助金などをもらうので，その意味で採算が取れるということになるが，経済理論で説明すると採算が取れないというかたちになる。プラスの利潤が上げられない。その場合，供給曲線は右下がりになる。現実の社会を見た場合，鉄道会社，空港会社，電力会社など費用逓減産業が存在する。また，農業にしても，完全競争市場に見えると述べたが，政府が多くの補助金を投じて畑が整備されているので，これもじつは費用逓減産業だという見方もできる。

　ここでは簡単に疑問点に触れた。以降では，需要曲線，供給曲線について理論的な説明を行ったあと，疑問点について理論的に説明したいと思う。

2 　消費理論

1　財と効用

●─────①財とサービス

　ここまでに財やサービスという言葉に触れてきたが，財とは所有することにより心に満足をもたらすものである。財には，お金を支払って手に入れる経済財と，空気などのようにお金を支払わなくても手に入る自由財がある。経済学では前者の経済財を分析対象とする。財といえば，商品などの有形の財を指す。財は財貨とも呼ばれる。それに対して，他の人に何かやってもらったりする無形の財がある。つまり，サービスがある。例えば，映画を見る，マッサージをしてもらう，床屋で髪を切ってもらうなどのように，かたちのないことにお金を支払う場合を「サービス」と表現する。

●─────②効用

　消費者は財やサービスを購入し，消費することで，満足を得る。経済学では，財やサービスから得る満足のことを効用と表現する。従来の経済学では，消費者は，自分の得た所得によって財やサービスを購入し，それを消費することで効用を得ると仮定して論を進めている。経済学には，この効用水準を正確に測ることができると考える基数的効用，および順番としてしか測ることができないとする序数的効用がある。

後者の序数的効用が主流である。

考えるべき点

•現実社会では，買った時点の効用で買い物をするとは限らない。例えば，高級な財を持っていること自体に喜びを感じる人は，消費をしなくても，それを見ているだけでもつねに効用を得ている。買った時の効用を経済学は想定しているが，その財を保有しているうちに効用が変化する。買った時の効用がその財に対しての消費者の心の満足とは限らない。使った時，実際に口にした時の効用がその人にとっての本当の効用である。

•効用が満足の大きさだとすると，基数的効用のように正確に測定することは不可能に近い。誰もが，自分の満足の大きさを正確に把握はできない（基数的効用のケース）。

•朝食の常食としてトーストを食べた時に得られる効用と，夕食に出てきて食べるトーストでは，同じ財なのに効用が異なってしまう。この意味でも効用を数値として把握することはできない（基数的効用のケースでも序数的効用のケースでも）。

2　予算制約線

われわれの周りには無数の財やサービスが存在している。しかし，たくさんの財の存在を前提に経済理論を説明するとわけがわからなくなってしまう。そこで，わかりやすいように，財が2つだけのケースを考える。

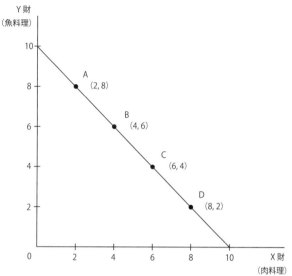

［**図A-2**］予算線

作成：水野勝之

　ある人をひとつの家計と考えて，その人があるお店に行ったとしよう。そこは，肉料理，魚料理のお店で，値段が200円均一だったとしよう。その2財についてX財を肉料理，Y財を魚料理としよう。そのために，その消費者が持っているお金の状態をグラフで見てみる。縦軸にY財，横軸にX財をとる。

　［**図A-2**］にはその人が持っているお金の状態として右下がりの直線が描かれている。この右下がりの直線上の点A，点B，点C，点Dについて，どの消費の組み合わせをとっても予算（M）をすべて使い切ることになる。点A，点B，点C，点Dを線で結ぶと右下がりの直線が描け

たということである。この直線のことを予算線と呼ぶ（予算制約線，所得線などとも呼ぶ）。

　「消費者の満足は無限である」ので，本来はX財もY財も無限に消費したいはずだが，その人の所得（M）が限られているため，その所得（M）に収まる範囲でしか，2つの財を組み合わせた消費ができない。つまり，原点と，この直線の両端の点の3点で表された三角形の中でしか消費の選択ができない。消費者は，その所得の範囲内で消費を行う。点A，点B，点C，点Dの組み合わせは，予算（所得）をすべて使い切ったケース，三角内の点は全部使いきっていないケースである。いずれにしても，消費が可能な財の組み合わせである。

　X財（肉料理）とY財（魚料理）について，前述した数値を組み入れて式で表すと以下になる。「予算＝所得」は2,000円だったとしよう。

　所得(M)＝2,000円

　X財の価格(Px)＝200円

　Y財の価格(Py)＝200円

　200円(Px)×X財の数量＋200円(Py)×Y財の数量＝2,000円(M)

これは

　$P_x X + P_y Y = M$

という関係である。これが予算を表す。さて，これを縦軸のYについて書き換える。

　$Y = -(P_x / P_y)X + M / P_y$

予算線である「$M = P_x X + P_y Y$」は右下がりである［**図A-3**］。その傾きは「$-(P_x / P_y)$」である。縦軸切片は「M / P_y」，横軸切片は「M / P_x」である。

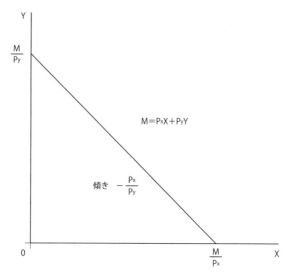

作成：水野勝之

特に，傾きは 2 つの財の価格比にマイナスを付けたものとなっている。

3 無差別曲線

　無差別曲線とは，購入した財から得る満足の大きさを表した曲線である。［**図A-4**］で横軸にX財の数量，縦軸にY財の数量をとる。その時の無差別曲線が描かれている。同一の無差別曲線上では消費者の消費計画（消費点）から得られる効用の水準，つまりX財とY財の購入の

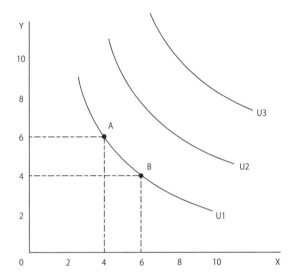

[図A-4] 無差別曲線

作成：水野勝之

組み合わせから得られる効用水準が同じになる。

　図中の曲線U1，U2，U3が無差別曲線である。これらの曲線は「原点に対して凸型」として描かれている。

　U1を見られたい。消費点Aと消費点Bは，どちらも無差別曲線U1上にある。消費点AではX財を4単位，Y財を6単位購入し，消費点BではX財を6単位，Y財を4単位購入している。点Aと点Bとで消費計画は異なっているが，どちらも無差別曲線U1上にある。つまり，同じ満足の水準，同じ効用水準になっている。消費点Aと消費点Bは

無差別であるという。

無差別曲線の性質

まず無差別曲線の性質を整理しておこう。無差別曲線は次のa〜cの性質を持っている。

a. 右上の無差別曲線になるほど効用が高い

変数を連続形と考えるならば，つまり購入量という変数が連続ならば，無差別曲線は稠密に無限に描ける。

［**図A-4**］には曲線U1だけでなく，曲線U2，曲線U3と3本の無差別曲線が描かれている。U2はU1よりも効用水準が高い，U3はU2よりも効用水準が高い。このように，右上の無差別曲線の方が効用水準が高い。数量を多く消費するのであるから当然ゼロから離れているほど効用が高くなる。このことは，原点から離れて右上に存在する無差別曲線の方が効用が高いということを意味する。

b. 無差別曲線は交わらない

無差別曲線は交わらないとされている。理論的には，［**図A-5**］のようにU4とU5は交わることはない。

交わる前の左側の点ではU5の点の方がU4の点よりも効用が高いが，交わったあとの右側ではU4の点の方がU5の点よりも効用が高い。無差別曲線上の点の効用は同一であるはずなのに，U4とU5の点の効用が，ある時はU4が高い，ある時はU5が高い。各無差別曲線の効用が同一であるならばこのようなことは起こるはずがない。

[図A-5] 無差別曲線は交わらない

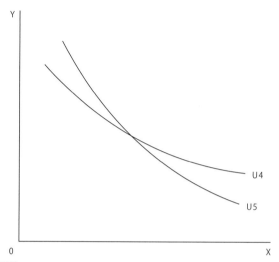

作成：水野勝之

　交点では両者の効用が等しいから，U4とU5の上はすべて効用が等しいということになるが，右上にある方が効用が高いという性質があるため，交点以外ではどちらかの無差別曲線の効用が高いということになってしまう。両者が交わるとこのような矛盾が生じてしまう。よって，無差別曲線は交わらない。

c. 無差別曲線は原点に対して凸

　同じ効用を保つことを考えよう。同じ心の満足を得るためには，一方の財の購入量を増やせば他方の財の購入を減らさざるをえない。

[**図A-6**] 立体の図

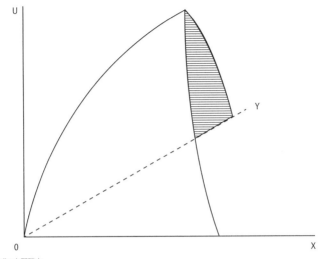

作成：水野勝之

　減らさなければ，トータルで購入量が増えてしまい，効用が高くなって
しまうからだ。そして重要なことは，一方の財の増加について，その財
の購入量が少ない段階では他方の財の購入量の減少は多いが，当
該財の購入が多い段階では他方の財の購入量の減少は少ないという
ことである。他方の財を価値尺度ととらえれば，当該財の購入が少な
い場合の当該財のひとつあたりの価値は大きいが，当該財の購入量
が多い段階ではその価値が小さい。

　この関係は，無差別曲線が原点に対して凸のグラフとなって表され
ている。

[図A-7] 効用関数

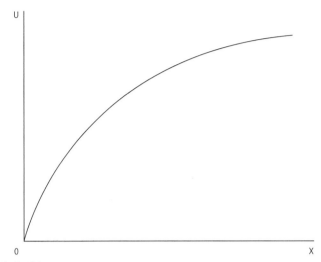

作成：水野勝之

4 効用関数

　これまでの図を3次元で考える。縦軸に効用をとる。平面の軸の一方にX財の数量，もう一方にY財の数量をとる［図A-6］。

　ここで，Y財のある数量のところで，X財の数量軸に平行な平面でバサッと切る。それを表した図が［図A-7］である。

　数量が増えるにつれて効用の伸びが落ちてきている。このことを限界効用逓減の法則という。

ちなみに，縦軸の「ある効用水準」において水平な平面で切って上から見ると，[**図A-4**]の無差別曲線となる。

5　最適消費計画

　さて，[**図A-4**]の無差別曲線に戻ろう。例にあった「肉料理と魚料理」について，消費者ははたして肉料理何皿，魚料理何皿にすれば，最も大きな効用を得ることができたのであろうか。これについて考えるのが最適消費計画である。最適消費計画の理論は，予算制約線（予算線）と無差別曲線の理論をベースに考えるものとなる。

●────最適消費

　次に予算の制約があったことを思い出そう。無差別曲線とその予算との関係をみてみる。

　経済学では，消費者は効用を最大化させる行動をとると仮定されている。この消費者が無限大の欲望を持つならばいくらでも消費を増やすことになる。だがそれができないのは予算が限られているからである。消費者は予算に収まる範囲で効用を最大化させるような消費計画を考えなければならない。

　予算制約線（予算線）のグラフと無差別曲線のグラフを同時に描くと，[**図A-8**]のようなグラフとなる。

　「U 1 よりもU 2 が高い」「U 2 よりもU 3 が高い」というように，無差別曲線は原点から右上にいくほど効用が高くなっている。これらの無差別曲線と予算線の関係を見てみよう。

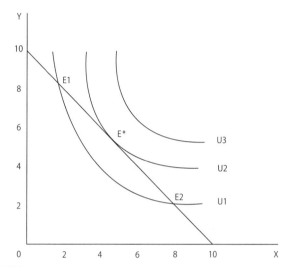

[図A-8] 最適消費計画

作成：水野勝之

　無差別曲線U1では，消費点E1と消費点E2のように，無差別曲
線と予算線が交わる点が2つある。予算線と交わる点があるというこ
とは，その点では予算をすべて使い切る。ここを選択してよいか。いや，
この両点の消費を実行しては損だ。なぜならば，購入可能な，より高
い効用の組み合わせが他にあるからだ。

　U1よりも効用水準の高い無差別曲線U2について見てみよう。消
費点E*だけは，予算線と接しており，この1点のみ購入可能である。
この無差別曲線U2が，消費者が選択できる無差別曲線のうち，原
点から最も遠いところにある曲線になる。もっと効用の高いU3は予

算線よりも右上にあり，実際の購入ができない。よって，この消費点E*こそが，予算内で消費者の効用を最大化させる消費計画である。この点は最適消費点と呼ばれる。

3　　　需要曲線

1　価格－消費曲線

　ここでは需要曲線の描き方を見てみよう。X財について需要曲線を描いてみる。Y財の価格は変えないで，X財価格のみ変化するケースを考える。所得もそのままである。X財の価格が200円から100円に下がったとしよう。

X財価格(Px)＝200円　　→　X財価格(Px)＝100円

Y財価格(Py)＝200円

所得(M)＝2,000円

効用水準：U 1 ＜U 2

　予算線(PxX＋PyY＝M)に代入すると，当初は「200X＋200Y＝2000」であるが，価格低下後は「100X＋200Y＝2000」となる。この予算式を基に，予算線の縦軸・横軸の切片，予算線の傾きを求めてみよう。

[図A-9] 価格変化の効果

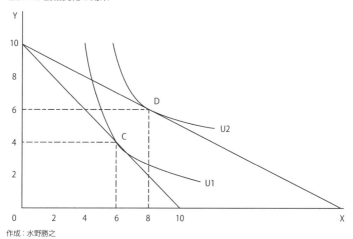

作成：水野勝之

予算線の傾き(-Px/Py)＝-200/200＝-1 (X財価格の変化前)
→　予算線の傾き(-Px/Py)＝-100/200＝-1/2(X財価格の変化後)
予算線の縦軸切片(M/Py)＝2000/200＝10
予算線の横軸切片(M/Px)＝2000/200＝10(X財価格の変化前)
→　予算線の横軸切片(M/Px)＝2000/100＝20(X財価格の変化後)

　上の予算線に無差別曲線を組み合わせると，［図A-9］のような最適消費点を導くことができる。各点の座標は次のようになっている。

予算線(価格変化前)　　200X＋200Y＝2000　　ならば

U 1 ＝u(6 ， 4)……点C
予算線(価格変化後)100X＋200Y＝2000　ならば
U 2 ＝u(8 ， 6)……点D

　［**図A-9**］の点Cと点Dを結んだ曲線を価格消費曲線という。通常この曲線は右上がりとなっている。

2　需要曲線

　上の例では，X財の価格が200円の時にはX財の購入量，つまり需要量は 6 単位だった。そして，X財の価格が100円に低下した時にはX財の需要量は 8 単位に増加した。

X財価格(Px)＝200円　　　→　　　需要量＝ 6
X財価格(Px)＝100円　　　→　　　需要量＝ 8

　財の価格が低下した時に財の需要量が増えたということは，財の価格と財の需要量には負の相関関係があると言える。この関係を［**図A-10**］に描いてみよう。

　この右下がりの曲線が需要曲線である。高校の時の政治経済の教科書に出てくる需要曲線である。じつは，需要曲線は，予算制約内で消費者が効用を最大にした時の消費の選好を価格別にたどった曲線である。

　このように，財やサービスの需要曲線が導ける。

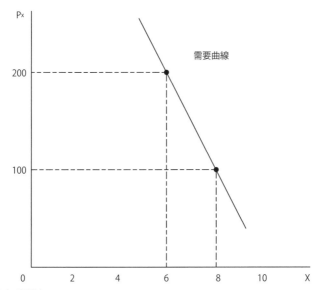

作成：水野勝之

考えるべき点

　これまでの理論の説明で不思議に思った点はないだろうか。

■**無差別曲線について**

無差別曲線の位置

　無差別曲線の条件に右上に行くに従って高い効用をもたらす
無差別曲線となるというものがあった。それに従って，［**図A-7**］の

効用関数が描けた。

　しかし，現実を考えてみよう。いくらおいしいものでも，たくさん食べたら苦しくならないであろうか。ご飯だって，1杯目はおいしいが，2杯目は効用の伸びが落ちる。しかし，3杯目，4杯目になると効用の伸びが落ちるどころか，受けた全体の効用が下がりだし，飽和状態の満腹を通り越して食べた5杯目になると，苦痛になってしまうのではないか。つまりご飯5杯の効用は本来はマイナスになってしまう。これが現実だ。この現実に沿った効用関数が［**図A-11**］である。

　ミクロ経済学の通常の理論とは大違いである。つまり，これは，右上の無差別曲線が必ずしも効用が高いわけではないことを意味する。ある一定を境に右上になるほど，効用は逆にマイナスになる。ミクロ経済学の基本的説明は成り立っていない。

最適な組み合わせの選択

　無差別曲線とその無数にある選択の中で予算に見合った最適な組み合わせの消費を行うのは現実には不可能と思われる。しかも，所得を使いつくしつつ，最適な組み合わせを選択するのである。今回は2財の例だったが，無数に財やサービスがある中で，無数の組み合わせの中から最適な組み合わせを選ぶこと自体が不可能に近い。

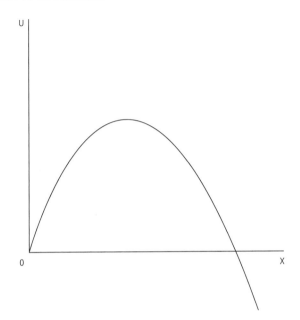

[**図A-11**] 現実的効用関数

作成：水野勝之

■需要曲線について

　以上の矛盾が成立するとしたら，それらに立脚して描かれた需要曲線は成立しないということになってしまう。われわれは，需要曲線の存在が当たり前と思っていた。また，理論的にも合理性があるように思われる。価格が高いと需要量が減り，価格が低いと需要量が増える。だから，需要曲線は右下がりになるという。

しかし，その曲線を導出する理論が否定されたのであるから，正確な需要曲線は存在しないということになる。

　実際の推定からも問題点もある。データの制約についてである。現在，需要曲線は存在しないという議論が活発化している。かつては価格と数量の時系列データから推定すればよいと思われていた。しかし，それらの時系列の組み合わせは毎年の需給均衡点に他ならない。もっと短期的に，価格と数量の関係を見なければならない。すると，月ごと，それどころか週ごとのデータを使うということになる。適切な時系列データやクロスセクションデータからの需要曲線の推定は難しい。

4　　　生産理論

　さて，生産理論についてである。企業はどのような水準の生産量を決めればよいのであろうか。

1　費用関数

　企業が生産物を生産するのに費用がかかる。まず，1企業の総費用関数についてみてみよう。費用をC，生産量をXとすれば，総費用関数は「C＝C(X)」と表すことができる。ここで言うC( )は関数であり，右辺が生産量Xの式となっているという意味である。

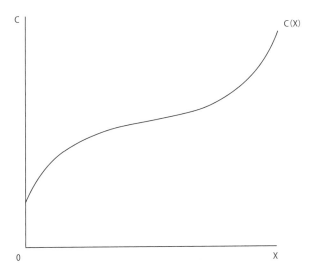

作成：水野勝之

　短期の経済を想定する。短期というのは機械設備や建物の量が一定と考えることである。図で総費用曲線を描いてみる。縦軸に費用（C）をとり，横軸に生産量（X）をとる。［**図A-12**］が総費用関数である。

　生産量がゼロの時でも企業には固定費用が発生する。維持費，減価償却費などである。財を少し生産したとしよう。総費用が急激に増加する。少量の生産でも施設の多くを稼働させなければならないからである。ある一定の生産量に至ると，総費用の伸びが減る。稼働させていた施設をフルに活用できるようになり，効率が上がってきたから

[**図A-13**] 限界費用

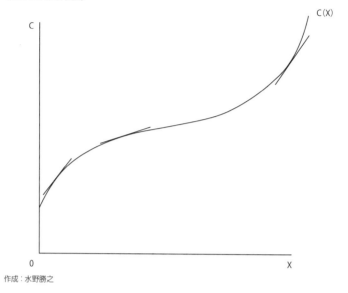

作成：水野勝之

　である。しかし，稼働させていた生産設備を使い果たすと，労働の投入で機械の分を補う必要があるので再び急激に総費用が伸びる。

2　限界費用

　次に限界費用を定義する。限界費用は，総費用曲線の接線の傾きである。生産量を追加的に増やした場合に追加的にかかる費用を表している。生産量を１単位増やした時に費用が増える大きさである。[**図A-13**]では総費用曲線の接線の傾きが表されている。もし総費用曲

214

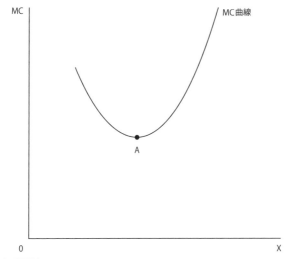

作成：水野勝之

線の傾きが急であれば，追加的にかかる費用が多いことを表している。

この傾きについて，縦軸に限界費用，横軸に生産量を取ってグラフで表せば［図A-14］のようになる。

生産量が増えるにつれて次第に限界費用が小さくなっていく。しかし，点Aで最小になり，その後は増えていく。このように，限界費用曲線，つまりMC曲線は下に凸の曲線として表される。

特に限界費用曲線が右下がりになっている領域（最小点Aに至るまでの曲線）では，初期投資が大きくなかなか利潤がプラスにならない。この状態が費用逓減産業を表している。われわれが対象とする，完全競

争市場における企業の通常の限界費用曲線は右上がりの領域となる。

考えるべき点

　現実に多いのは費用逓減産業であり、完全競争市場下の企業ではない。ということは、限界費用曲線の点Aより左側の分析が中心になる。しかし、以下でも見るように、経済理論では点Aよりも右側の分析が中心になっている。

3　利潤最大化

　次に、総収入曲線を見てみよう。収入をRとすれば、それは価格P×数量(生産量X)である。つまり、

$$R = PX$$

と表される。縦軸にR、そして横軸に生産量Xをとれば、この総収入曲線は右上がりの直線となる[**図A-15**]。

　総収入曲線が直線なのでその傾きはPとなる。価格と等しい。これは1単位生産量を増やした時に追加的に得ることのできる収入(R)を表している。限界収入はMRであり、MR＝Pという関係が成り立っている。

　さて、利潤（π）について考えよう。利潤は、企業が得た収入から、その生産にかかった総費用を差し引いたものである。

$$\pi = 収入 - 総費用$$
$$= PX - C(X)$$

[図A-15] 総収入曲線

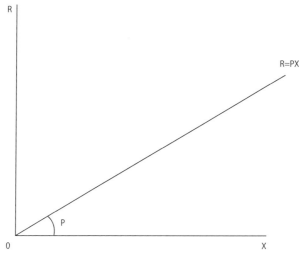

作成：水野勝之

と表される。企業は，この利潤を最もたくさん得られるように行動する。
つまり，利潤が最大になるような生産量を決定する。

　[図A-16] においては，直線の総収入曲線と総費用関数との差の大
きさが利潤にあたる。利潤がプラスの領域は総収入曲線（直線）が総
費用曲線を上回っている時である。両方の関数が一番離れているの
は点Eの時，すなわち総収入曲線（直線）と総費用曲線の傾きが平行
になっている時である。この点Eの生産量が利潤最大化する生産量
である。

　利潤が最高になる点Eでは，総費用曲線の傾きが総収入直線の傾

[**図A-16**] 利潤最大のケース

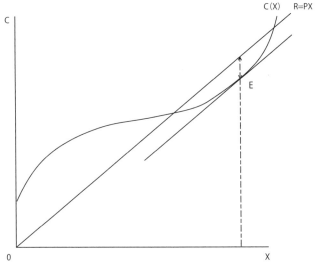

作成：水野勝之

きPと等しい。総費用曲線の傾きは限界費用（MC）なので，

$$MC = P$$

が成り立っている。

4　供給曲線

　利潤最大化の時，限界費用と価格が等しくなることがわかった。企業はこの条件を満たす生産量を決定する。それを図で表してみよう[**図A-17**]。縦軸には限界費用（MC）と価格（P），横軸には生産量（X）を

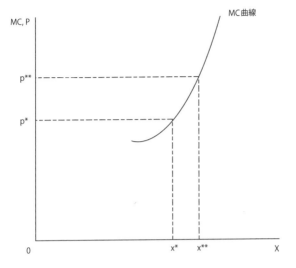

作成：水野勝之

とっている。限界費用曲線（MC曲線）は企業の利潤が上がる右上がりの領域の一部である。価格がp*であったとしよう。完全競争市場下の企業にとっては価格は所与の値となる。つまり，企業はプライステイカーである。利潤が最大になる条件である「水平の価格線（P）と限界費用曲線（MC曲線）の交点」の生産量x*が，この企業の利潤を最大にする生産量ということになる。もし価格がp**であったら，その水平線と限界費用曲線（MC曲線）が交わる時の生産量x**が利潤最大の生産量ということになる。

　縦軸に価格，横軸に数量を取って描いた時の供給曲線を思い出そ

う。価格に応じて生産量が決まる右上がりの曲線だった。図中の限界費用曲線はまさにその関係を表している。つまり，限界費用曲線（MC曲線）こそが供給曲線そのものであったのである。縦軸の上方に記されたMCをPと置き換えてみよう。限界費用曲線は供給曲線であるといえる。

　ミクロ経済学の消費理論から需要曲線が導けたのと同様，ミクロ経済学の生産理論から供給曲線が描けた。

考えるべき点

　今，供給曲線を導出した。じつは限界費用曲線こそが供給曲線であることがわかった。さて，企業は実際に限界費用曲線を計算して利潤最大の生産量の生産を実行しているのであろうか。否。神取道宏（2014）に「ミクロ経済学の教科書は星の数ほどあるが，現実の企業の費用曲線が載っているものを著者は見たことがない」（112頁より抜粋）とある。ミクロ経済学の教科書ですら費用曲線が存在していないのであるから，実際に企業が費用曲線を計算して導出したあとに限界費用曲線を求めるということはない。むしろ，できないといった方が正しいのかもしれない。

　というわけで，そもそも供給曲線は存在しない。完全競争で商品も材料も同質であるとされているが，実際はどの企業も材料費は異なる。従って市場の価格に合わせて同一価格を設定し販売するということはありえない。現実にはかかった費用に何％かを上乗せして販売する。企業は利潤率であるマークアップ率をかけて値段を決めるという。レストランでも原材料の原価率は販売価

格の約30%だといわれている。つまり，原材料の費用に10/3を乗じて販売価格を設定しているわけである。

　もうひとつとして，供給曲線が描けるとしても，費用逓減産業といって，事業開始当初に補助金をもらっていたり，公の力で設備を整えてもらった産業の場合，限界費用曲線の左側領域（右下がりの領域）での活動になるため，右下がりの供給曲線になってしまうという見方がある。これにしても，基礎ミクロ経済学の理論である右上がりの供給曲線とは異なる。近年，企業の大半が費用逓減産業であるという見方がなされている。

　よって，右上がりの供給曲線についてもその存在に疑義が呈せられている。

註

*1━━━━この補論は次の本に基づいている。水野勝之＋土居拓務（2016），水野勝之＋土居拓務＋宮下春樹(2018)

おわりに

　地域における事業は，対象となるのも人間，行うのも人間である。双方とも心を持った人間である。地域活性化の場合，行動経済学の活用が適切となる。これまで地域活性化に行動経済学の分析が用いられたことはほとんどなかった。

　地域活性化といえば，勇気あるひとりまたは少数の人たちが，周囲の冷たい批判の目の中で努力し始め，次第に多くの人たちが協力し成功に導かれるというサクセスストーリーが各地域で作られ，語られている。だが，現実は，地域の皆が地域を良くしたいと思うけれど，考案した方法を実行するにはお金がかかりすぎてできないなど，泥臭いものである。多くの人がそうしたとっかかりを探れない中，行動経済学がヒントになることを願って本書を執筆した。

　今回の書籍は，経験に裏づけされた論を展開したものである。地域活性化とは，「地元の人たちが継続的に幸せになること」「訪れた人たちがその思い出を携えて幸せな時間を過ごし続けること」に加えて，「その地域の経済が回ること」と定義できる。心のみを満たすというきれいごとだけではなく，人が生活するには経済は最重要要素である。心と経済の両方を満たすことが大切である。よって，どの地域も，行動経済学の理論および手法を使って人が幸せを感じ，かつ地域にお金が回るようにしてほしい。同じ100円でも，たった100円ぽっちの時もあれば，心のこもったありがたい100円の時もある。地域も同様で，通りすがる単なる田舎の風景である時もあれば，一生心に残る思い出の風景になりうることもある。住んでいる人にとっても，訪れた人にとっ

ても，そして通りすがる人にとっても「幸せ＋経済」をもたらすように，本書を参考にして行動経済学を地域活性化に活用してほしい。地域活性化と行動経済学は切り離せない関係だと位置づけている。

参照文献・ウェブサイト(新聞記事等は本文中の各章末に示した)

安住久美子(2018)「1000万戸を超える「空き家問題」はなぜ起きた?」(現代経営技術研究所・講演取材)https://boxil.jp/beyond/a5642/(現在閉鎖)

アダム・スミス『道徳感情論』(高哲男訳、講談社学術文庫、2013)

リチャード・セイラー『セイラー教授の行動経済学入門』(篠原勝訳、ダイヤモンド社、2007)

池田まさみ+森津太子+高比良美詠子+宮本康司「利用可能性ヒューリスティック　錯思コレクション100」(2020)https://www.jumonji-u.ac.jp/sscs/ikeda/cognitive_bias/cate_d/d_02.html(2021年10月25日確認)

内山貴博「食品ロスやゴミ問題を解消? 人を動かせる「代替報酬」を解説」(2019)https://news.mynavi.jp/article/behavioraleconomics20-11/(2021年10月25日確認)

NHKスペシャル取材班「夕張市破綻から10年「衝撃のその後」若者は去り、税金は上がり……——第2の破綻を避けるために」(2017)https://gendai.ismedia.jp/articles/-/52287(2021年10月25日確認)

mcMc「脳と経済　第9回——神経経済学の行動経済学 プロスペクト理論3」(2010)http://hitorigotobymcmc.blog100.fc2.com/?tag=%3%CE%CE%A8%B2%C3%BD%C5%B4%D8%BF%F4(2021年10月25日確認)

川西諭『知識ゼロからの行動経済学入門』(幻冬舎、2016)

神取道宏『ミクロ経済学の力』(日本評論社、2014)

根釧西部森林管理署 川湯森林事務所 森林官 土居拓務「こんにちは森林官です!」(林野庁北海道森林管理局ホームページ)https://www.rinya.maff.go.jp/hokkaido/koho/koho_si/forester/2015/1509kawayu.html(2021年10月25日確認)

白井均+リチャード・セイラー「行動経済学とテクノロジーは社会課題にどう向き合うか」(Newspics, 2018)https://newspicks.com/news/3259640/body/(2021年10月25日確認)

友野典男『行動経済学——経済は「感情」で動いている』(光文社新書、2006)

友野典男『マンガ行動経済学入門』(PHP研究所、2011)

長瀬勝彦(2000)「不確実性下の意思決定の実験」(オペレーションズ・リサーチ: 経営の科学=[O] perations research as a management science [r] esearch 45.1 (2000): 27-33.

「無意識に行動に表れている『一貫性の法則』を解説」(ferret, 2017)https://ferret-plus.com/4756(2021年10月25日確認)

真壁昭夫『行動経済学入門——基礎から応用までまるわかり』(ダイヤモンド社、2010)

水野勝之+土居拓務「ミクロ経済学」(金子邦彦編著『エレメンタル現代経済学』晃洋書房、2016, 17〜43頁)

水野勝之+土居拓務+宮下春樹『余剰分析の経済学』(中央経済社、2018)

山本隆「山本隆の開発日誌　損失回避性」(2007)https://www.gesource.jp/weblog/?p=204

（2021年10月25日確認）

八間川結子「ナッジで促す個人の行動変容を通じた低炭素社会実現の可能性」（「情報未来
No.55　特集：環境・エネルギービジネス」2017年7月号，NTTデータ経営研究所）https://
www.nttdata-strategy.com/assets/pdf/knowledge/infofuture/55/infofuture_55.pdf（2021年10
月25日確認）

ゆうじ「初頭効果と親近効果，結局どっちが大事なん！？について解説！」（2019）https://yuji-
hirano.com/early-recency/（2021年10月25日確認）

リチャード・セイラー＋キャス・サンスティーン『実践 行動経済学』（遠藤真美訳，日経BP，
2009）

*Hal R. Arkes & Peter Ayton, The Sunk Cost and Concorde Effects: Are Humans Less Rational Than
Lower Animals?*, Psychological Bulletin, 1999, Vol. 125, No. 5, 591-600.

現代的教育ニーズ取組支援プログラム（現代GP）　参考資料

明治大学商学部HPより引用。https://www.meiji.ac.jp/shogaku/ecm/index.html
「本取組は，学生と地域の人々との連携を重視し，「大学の教育力」が地域社会に貢献すると同
時に「地域の教育力」で学生を育てるという相互関係の実現を目的とする。副題にあるECM（エ
ヂュケーション・チェーン・マネジメント）つまり教育連鎖の構築の意味は次のとおりである。
第1の意味は，大学と地域のお互いの力で，お互いを活性化しあうことである。「大学の力」
が地域の経済を活性化させる一方，「地域の力」が大学生を教育する。これは大学教育と地
域の連鎖の構築を意味する。第2の意味は，大学生が接着剤となり，地域間の連携を促進し，
地域間に連鎖を作ることである。大学のカリキュラムの中での学生の活動が，各地域をチェー
ンで結んでいく。これは地域と地域の連鎖の構築を意味する。
学生という人材を擁する大学が，その若い力を接着剤に，産学官民間，地域間の，これまで
実現されて来なかった経済的連携を促し（地域連携支援），地域共生原理の下，広域での問
題解決を試み，首都圏広域経済の活性化を図る」。

千代田学の詳細　参考資料

本文8頁での記載を省略した千代田学について採択テーマを記すと次のようになっている。
平成16年度千代田学「大学生の千代田区への貢献活動とその発展の可能性についての提

言」

平成17年度千代田学「e-千代田の推進を通しての新たなコミュニティの形成 —『福祉』という経済問題を解決するための一試案—」

平成18年度千代田学「千代田区における大学の自問清掃教育の実践とその効果」

平成19年度千代田学「『地域の育児力』育成プロジェクト」

平成20年度千代田学「『子育ち，親育ち』共育支援プロジェクト」

平成21年度千代田学「千代田区における『ワーク・ライフ・バランス』と『ライフ・ワーク・バランス』のモデル作り」

平成22年度千代田学　大学を主体とした「『千代田区次世代育成支援行動計画』と『千代田区地球温暖化対策条例』の同時達成モデル」の具現化プロジェクト

平成23年度千代田学「都会型空き店舗事業を通してのワークライフバランス問題の解決」

平成24年度千代田学「環境学習を通しての長期的な『親育て』」

平成25年度千代田学「都会型空き店舗事業を通しての高齢者問題と環境問題の同時解決」

執筆

下記以外は水野勝之による

第2章　2節「価値関数」の「7 地域活性化例」：土居拓務

第3章　3節「行動経済学とゲーム理論」の一部：中村賢軌（明治大学大学院商学研究科博士前期課程1年）

第4章　2節「ヒューリスティックからの派生効果」の「1 ヒューリスティックから派生する効果」の一部：中村賢軌

　　　　2節「ヒューリスティックからの派生効果」の「3 ヒューリスティックから派生する効果」，「4 ヒューリスティックから派生する効果」，「5 ヒューリスティックから派生する効果」の「③『平均への回帰』の無視，『基準率の無視』の他の例」，「7 ヒューリスティックから派生する効果」，「8 ヒューリスティックから派生する効果」：土居拓務

第5章　1節「フレーミング効果からの派生効果」の「①初頭効果」，「3 フレーミング効果から派生する効果」，「5 フレーミング効果から派生する効果」：土居拓務

　　　　1節「2 フレーミング効果から派生する効果」の一部：中村賢軌

第7章　1節「ナッジモデル」の「3 お店の話」：土居拓務＋室岡修平＋橋本周弥＋細江泰寛（土居以外は明治大学商学部4年）

補論　　一部：土居拓務

―――――――
著者略歴

水野勝之（みずの・かつし）

明治大学商学部教授，博士（商学）。早稲田大学大学院経済学研究科博士後期課程単位取得退学。『ディビジア指数』（創成社, 1991），『新テキスト経済数学』（共編著, 中央経済社, 2017），『余剰分析の経済学』（共編著, 中央経済社, 2018），『林業の計量経済分析』（共編著, 五絃舎, 2019），『防衛の計量経済分析』（共編著, 五絃舎, 2020），『コロナ時代の経済復興』（編著, 創成社, 2020），『基本経済学視点で読み解く――アベノミクスの功罪』（中央経済社, 2021），その他多数。

土居拓務（どい・たくむ）

明治大学商学部兼任講師，研究・知財戦略機構特定課題ユニット経済教育研究センター所属研究員。森林総合監理士（フォレスター）。2017年，一般社団法人パイングレース設立（同理事就任）。『余剰分析の経済学』（共編著, 中央経済社, 2018），『林業の計量経済分析』（共編著, 五絃舎, 2019），『ドラマで学ぼう！ 統計学――森の中の物語　Statistics in the Forest』（共編著, 五絃舎, 2020），その他。

明治大学リバティブックス

新行動経済学読本
―― 地域活性化への行動経済学の活用

2021年11月30日　初版発行

編著者 ……………… 水野勝之，土居拓務
発行所 ……………… 明治大学出版会
　　　　　　　　　〒101-8301
　　　　　　　　　東京都千代田区神田駿河台1-1
　　　　　　　　　電話　03-3296-4282
　　　　　　　　　https://www.meiji.ac.jp/press/
発売所 ……………… 丸善出版株式会社
　　　　　　　　　〒101-0051
　　　　　　　　　東京都千代田区神田神保町2-17
　　　　　　　　　電話　03-3512-3256
　　　　　　　　　https://www.maruzen-publishing.co.jp
ブックデザイン ……… 中垣信夫＋中垣呉
編集・制作 ………… 株式会社スペルプラーツ
印刷・製本 ………… 株式会社シナノ

ISBN978-4-906811-31-1 C0033

新装版〈明治大学リバティブックス〉刊行にあたって

教養主義がかつての力を失っている。

悠然たる知識への敬意がうすれ,

精神や文化ということばにも

確かな現実感が得難くなっているとも言われる。

情報の電子化が進み, 書物による読書にも

大きな変革の波が寄せている。

ノウハウや気晴らしを追い求めるばかりではない,

人間の本源的な知識欲を満たす

教養とは何かを再考するべきときである。

明治大学出版会は, 明治20年から昭和30年代まで存在した

明治大学出版部の半世紀以上の沈黙ののち,

2012年に新たな理念と名のもとに創設された。

刊行物の要に据えた叢書「明治大学リバティブックス」は,

大学人の研究成果を広く読まれるべき教養書にして世に送るという,

現出版会創設時来の理念を形にしたものである。

明治大学出版会は, 現代世界の未曾有の変化に真摯に向きあいつつ,

創刊理念をもとに新時代にふさわしい教養を模索しながら

本叢書を充実させていく決意を,

新装版〈明治大学リバティブックス〉刊行によって表明する。

2013年12月

明治大学出版会